孩子大脑的24小时

[法] 埃尔万 · 德韦兹 著
晏梦捷 译

中国轻工业出版社

图书在版编目（CIP）数据

孩子大脑的24小时 /（法）埃尔万·德韦兹著；晏梦捷译．— 北京：中国轻工业出版社，2021.7

ISBN 978-7-5184-3487-9

Ⅰ．①孩… Ⅱ．①埃… ②晏… Ⅲ．①家庭教育 Ⅳ．① G78

中国版本图书馆 CIP 数据核字（2021）第 080549 号

责任编辑：关　冲　付　佳　　责任终审：李建华　　整体设计：锋尚设计

策划编辑：付　佳　　责任校对：晋　洁　　责任监印：张京华

出版发行：中国轻工业出版社（北京东长安街6号，邮编：100740）

印　　刷：艺堂印刷（天津）有限公司

经　　销：各地新华书店

版　　次：2021年7月第1版第1次印刷

开　　本：710×1000　1/16　印张：12.5

字　　数：200千字

书　　号：ISBN 978-7-5184-3487-9　定价：49.80元

邮购电话：010-65241695

发行电话：010-85119835　传真：85113293

网　　址：http://www.chlip.com.cn

Email：club@chlip.com.cn

如发现图书残缺请与我社邮购联系调换

200778Y1X101ZYW

目录

孩子大脑的24小时

6:00 一个令人震惊的重组家庭

了解孩子大脑发育的各个阶段......015

- 儿童和青少年大脑的成熟......026
- UD和不可思议的儿童神经可塑性......029

7:00 大家起床了

给孩子一场高质量睡眠......031

- 睡眠，儿童大脑发育的关键......035
- 儿童睡眠的六大要点......036
- 让孩子一夜美梦的16条实用建议......040
- 对美梦和噩梦的兴趣......042

8:20 爸爸，我不想上学

在理智和情感间寻找平衡点 ……045

什么才是真正的智慧 ……050
霍华德·加德纳的八大智能结构 ……051
太好了，孩子们，幸好你们不（那么）聪明 ……057
高潜能儿童 ……061
儿童心理韧性之谜 ……064
心理医生眼中的孩子 ……067
帮助孩子更好地体验情绪的五条建议 ……071
世界各校的心脏操 ……074

12:00 中午食堂有什么好吃的

给孩子大脑充足营养 ……077

幸福的大脑就是一颗营养充足的大脑 ……080
富养婴儿的大脑 ……084
注意儿童青少年饮食 ……085

14:00 老爸，我今晚有场活动

帮助孩子规避风险拥抱世界……090

重构与青春期孩子的关系……095
走出对立思维的七条建议……096
寻找认同的青春期……098
电子产品、酒精、药物，都是“多巴胺上瘾”吗……099
初恋，爱如潮水……102
唾手可得的色情读物和视频……105
电子产品会让孩子变傻吗……107

15:30 惊喜提问：理想学校什么样

共同构建未来学校……113

神经教育学，是儿童教育的未来吗……119
芬兰教育模式——神经兼容……121
蒙台梭利，儿童大脑最爱……126
“110号乙”，法国国民教育部教学创新实验室……131

16:30 放学了

促进孩子大脑发展......133

体育运动锻炼了孩子的大脑......138
音乐让孩子更聪明......140
25条神经专业小贴士，助力孩子大脑发育......143

19:00 孩子们，作业做完了吗

提升孩子的学习能力......145

大脑在学习过程中的敌与友......151
学习的五大要素......152
ATOLE计划：上课的注意力......156

20:30 开饭啦

让孩子茁壮、幸福成长......159

与孩子们的晚餐时光：如何避免一出心理大戏......164
简单十招，让晚餐成为温馨一刻......166
够了，别打孩子了......169

问答题

你了解自己孩子的大脑吗……172

- 问卷……173
- 答案……175

有关儿童大脑的十则传说……180

聚焦神经生物学……186

跋……189

结语……193

致谢……195

术语表……196

很多人都觉得，神经科学研究是留给那些读了半辈子书最后又成天泡在实验室里的精英们干的，诚然这么想的出发点没错，但还是与我们这个小小圈子的现实相距甚远。很多人还说，加深对大脑的理解是纯粹的高智商、高难度的理论研究，缺乏接地气的实际应用。可能你们中的一部分人在翻开这本书的时候还抱有类似的想法。好吧，其实这些想法都是错误的！神经科学，是生活，是你的生活！神经科学这门学科，其实就是想了解你怎么爱又为何爱，怎么学又为何学，怎么思考又为何思考，怎么创造又为何创造，怎么感知快乐又为何感知快乐，怎么与他人分享又为何分享，怎么做梦又为何做梦，怎么想象又为何想象，怎么决断又为何决断……简而言之，神经科学的研究涉及人生的方方面面。

如今，我们的神经科学处在一种奇怪的矛盾中。一方面，研究刚刚起步、方兴未艾，前方有无尽的知识宝库等着我们。随着新技术日新月异的发展，对大脑功能的研究在未来几十年间会取得长足进步，届时，新的发现不是今时今日的我们能够知晓的。但另一方面，我们知道，就目前掌握的神经科学知识而言，如果它们的数量能一乘十十乘百地增加，那将会给我们的生活带来巨大帮助。可是，知道了又能怎么样呢？我们在等待什么？就算在学校、公司、老年大学开设了“大脑课”又能怎么样呢？如果完全（或几乎完全）忽视了大脑的功能，所谓更好地利用大脑又从何谈起？我本人就是最好的例子，或者可以说是最坏的例子，因为我曾断然拒绝接受神经科学方面的知识，但由于脑部发生病变，所以被迫开始了解。从此生活发生了改变，彻彻底底地改变。所以拜托各位，别再像我那样傻了，别拖到迫不得已的时候，从现在起就提起兴趣，开动脑筋，关注下大脑吧！

分享神经科学方面的知识，就是撰写本书的原因。这么做的目的也只有一个：你是个有用的人。因为世间没有什么东西能比孩子更珍贵，无论是我们自

序

孩子大脑的24小时

当下，神经科学正处于发展的黄金时期。更深入地了解我们的大脑及其功能是一项巨大的挑战，但也有着无穷的乐趣，因为我们相信自己在一点点接近真理，所以总有一种令人振奋的笃定。每天都有新的研究成果问世，它们验证了部分先前的假设，又推翻了另一部分，质疑了一些我们过去的信仰，又带来了许多崭新的观点，拉开了新的希望序章。神经科学的前路，灿烂、光明，令人心潮澎湃。大脑，你真是太棒了！

每一天都是新的一天。神经科学家们一边在起床时慨叹自己真的什么都研究不出来，一边又斗志昂扬地坐在办公桌前……他们阅读文献、聆听案例、做实验、打电话、发邮件、回信息，试图更好地破译这颗该死的既普遍又独特的脑子，但二者并不矛盾。也许从解剖学角度看，每个人的大脑都多少有些类似，但实际上，没有两颗完全一模一样的大脑，这点大家要明白……所以，成为一名神经科学研究人员需要一点小小的疯狂，只有这样才能想象一些不真实的事情，比如为什么大自然会创造出这么一颗重约一千克又如此复杂的珍宝。怎么可能做到？这是对理智的挑战。

献给我深爱的两个孩子，

马西莫和莱娅。

献给我至亲至疏的兄弟让 - 马克。

献给我的妈妈和她高尚的血统。

献给我艰难、欢愉又充满希望的不可思议的人生。

6:00

一个令人震惊的重组家庭

了解孩子大脑发育的各个阶段

“每个孩子都是天生的艺术家，

问题是长大之后如何保持这种天赋。”

——巴勃罗·毕加索

皮埃尔很惶恐，他搅动着放在客厅桌上咖啡杯里的勺子，独自一人，在长夜将尽之时坐在一片静默里。但他并没有往咖啡里放糖，只是这不断重复的动作发出的令人昏昏欲睡的声音让他觉得自己已经放了糖……在被失眠折磨的长夜里，在床上辗转反侧千百次后，他最终选择用起床来结束这场疲惫的战争。6点，可以了，他对自己说道，是时候可以读两三篇小文章，可以安静地准备早餐，可以洗个澡，可以整整衣装，这个小家也马上要稀稀拉拉启动了。皮埃尔也是个平凡的男人。呃，差不多算是吧。47岁，结婚，离婚，然后再婚，尽管他曾发誓再也不碰婚姻这玩意儿。刚从第一段婚姻逃出来时，他对自己说，结婚这种极其诡异的事，虽然对身边很多人来说都非常重要，但绝对不是为他打造的。结婚，有什么好处呢？更不要说再婚了……无意义的事还要经历两次。

一直以来，皮埃尔都被认为非常与众不同，不仅如此，还特立独行。倒不是说他在别人面前有多么趾高气扬或者多么自恋，只是因为生活和命运始终不遗余力地把他带往别人少有涉足的不寻常道路。曲折离奇又颠沛流离的人生经历使他养成好静的性格倾向。有时，当他觉得现实世界过于喧闹、过于无耻或过于晦暗时，他就躲进自己写作和音乐的小小世界中，因为音乐能给予他现实中严重缺少的缤纷色彩和真相。他花了很长时间来构建这片私密的小天地，这里只属于他自己。他爱之护之，让这片天地不受侵犯。独处，对皮埃尔而言并非受罪，不算任务，无关苦难，和无处安放的忠诚也没关系……独处，对他而言，纯粹只是一种身心平衡的需求，一种天然的、本能的、必要的需求，不多不少。皮埃尔时常惊讶于其他人对独处的不理解，这明明是一种发自内心的需求。也许，他的这一需求引起了周围朋友们对孤独的恐惧。“大家竟将独处和孤独混为一谈，”他自言自语道。说罢，将没放糖的浓缩咖啡一饮而尽。

但实际上，皮埃尔绝不是个脾气暴躁的人，他不板面孔，不皱眉头。恰恰相反，和他相处会感觉很愉快。他细腻、有趣、富有教养、对各种各样的事物满怀好奇，还充满梦想、乐于助人，当别人有难时他会毫不犹豫出手相助。他热爱生活，而生活又让他和周围人更加融洽。在当过研究某种界限模糊的艺术的大师后，在信奉过心态年轻的乐观主义、活在当下的现实主义、形而上学的绝对主义，又在这三者之中不断挣扎徘徊后，皮埃尔轻而易举地散发着魅力，只要他愿意。但是年复一年，时间越久，他越发感觉到所有散发魅力的努力都是徒劳无功，都近乎浪费时间。皮埃尔意识到了岁月的流逝，丝毫不想让自己的后半生都投入在一堆毫无用处的事情上。他努力去做最重要的事，确切地说，是他自己认为最重要的事，摆脱纷扰、失望、不安稳的生活。别人的眼光不关他的事。皮埃尔尽力与自己和解，再也不说“不想”这种话，如此一来，无论情不情愿，他毕竟都能把握住自己漂浮的人生之舟，也能把握住完整的“自我”。

皮埃尔在和弗洛伦丝的第一段婚姻中育有两个孩子，儿子亚历山大，今年17岁，女儿玛侬，今年8岁。而和现在的伴侣萨曼塔（大家都叫她阿萨）结婚后，又生了小儿子纳坦，今年2岁半。皮埃尔疯狂地爱着阿萨。他的朋友们都十分懂他，没人会心生嫉妒。阿萨极其漂亮，极其聪明，也极其纯粹。他们是在一次采访中偶然相识的，就是那次见面，一股极其强大的魔力影响了皮埃尔大脑中所有的镜像神经元。皮埃尔是位作家，阿萨是位记者。他并非丧失理智，因为他们最初的两次见面都是在工作场所。至于从那之后如何发展到开始携手共度余生，就是另外一个故事了。皮埃尔打量着阿萨，彼时的她年方33岁，一头金发，魅力四射，聪明睿智，皮埃尔既为之倾倒又手足无措。他问自己，面对这样一位光彩照人又充满智慧的女子，自己能做什么？他不太清楚，于是告诉自己，她也许值得更好的人。但没过多久，皮埃尔就对自己有了清醒的认识，倒不用妄自菲薄贬低自己，只需要简单地客观观察即可。对阿萨来说，找一个年纪更轻、更稳妥的男子，显然是件易如反掌的事。但，就是这么奇妙，阿萨的心上人就是他，人生啊，自有他幸福的奥秘……皮埃尔为此欢欣不已。他心中所有或震惊或犹疑的瞬间都随着时间的推移渐渐淡去。阿萨就是明亮的光芒、就是盛放的鲜花，尤其是和皮埃尔在一起之后，所以还哪来这么多问题呢？他俩之间相隔的15岁年龄差看起来也没那么可怕……好吧，应该说不过于可怕，又或者还没显露出来。因为阿萨对这些完全不在意，而皮埃尔也无所谓，所以一切都很完美。他俩就特别不可思议地在一起了。

皮埃尔和自己的孩子们很亲密。他真心实意地希望这样的关系能一如既往延续下去，给他们全部的、无条件的爱。他温柔地注视他们长大，看着他们拥抱世界。这位爸爸，时而天马行空，时而笨手笨脚，有时还会方寸大乱任性冲动，但他永远慈爱地、满怀希望地为他们的幸福着想。他做着自己力所能及的一切，尽管在扮演父亲的角色时偶尔会出现小失误，或者前后缺乏角色连贯性，但总体上差强人意。总而言之，亚历山大和玛侬都明白，皮埃尔比世界上任何人都爱他们，这就很好地解除了很多亲子冲突。弗洛伦丝和皮埃尔，尽管当年夫妻俩的感情时好时坏，但都竭尽所能给两个孩子所需要的呵护与关爱，但各自用各自的方法。很难再找出比这两口子更南辕北辙的夫妻了，以至于大家不禁要问，他俩怎么会结婚的……对此一无所知的亚历山大和玛侬又把皮埃尔拉回了他自己的故事和生活。皮埃尔的人生道路曾一度混乱不堪，从他很小的时候起就是这般。但令人讶异但又不得不服的是，这条道路走到最后竟然获得了成功，这显然出乎意料。每个人都以为凭他那样的起点，不论再怎样折腾无非就是那么几种结局，但实际远非如此。这也正是他感到满意甚至骄傲的原因之一，不过他并不太喜欢这种沾沾自喜的感觉。皮埃尔在此过程中克服了重重困难，就仿佛一个走钢丝的人，总是不停想着终有一天自己会从上面掉下来，当然他也可能想到自己会有两三次重新来过的机会。但生活自有它的决断，皮埃尔始终坚挺地站在自己的细钢索上，带着半分怀疑，也带着半分欢欣。命运在给予他重重的磨难和考验后，仿佛最终向他妥协，并报之以同情。皮埃尔和萨曼塔在经过几年的磨合后，这段不可思议的相互欣赏的关系最终将两人牵到了一起。在过去很长一段时间里，皮埃尔都恨透了这可恶的命运，恨它不断折磨自己，恨它强加在自己头上的生死、病痛和各种各样的悲剧。逆风而行让皮埃尔开始重新找寻人生的意义。首先，不能沉沦。其次，要振作起来，赋予生活真正的意义。他也这么做了。他从自己过往的逆境中汲取养分，并将之提炼升华。皮埃尔是一位堪称“有韧性”的人。一位真正坚韧的人。

为了与命运抗衡，皮埃尔在很年轻的时候就决定要表现得自大一点：这让他的生活仿佛是一件艺术品。不过在这件曲折艰辛的印象派作品中，他表现得并不装腔，也不浮夸。他只是带着一股傲气和意念，想开创一条属于自己的道路，来公开质疑命运剧本从一开始就定下的悲剧性结局。对这件艺术品——或者说是一件不完美的、有争议的手工艺品，他勇敢地投身其中，不懈地将之锻造、打磨，他满怀信心，认定假以时日这件艺术品将获得圆满。他所有的秘密也在于此是。不过归根到底，即使没做成也无所谓，他至少尝试过，这对他的满腔豪情而言已经足够了，对自己的幸福而言也够了。如今的皮埃尔是个幸福的男人，更严格地说，他正走在通往幸福的道路上。

亚历山大是个朝气蓬勃的17岁少年。对于忽好忽坏的学业，他会清醒地告诉自己很多事，不过更多时候可能是迫于压力，才在自己一帮兄弟面前说的，而非出于实打实的自信或内心的自省。关于未来？他完全不清楚，还有点满不在乎。至少表面看起来是这样。关于当下？他正愉悦地在各种电子产品、晚会狂欢、漂亮姑娘、线上游戏、足球比赛、社交媒体和偶尔的课业中穿梭于行。对其中的最后一项，分数太高也没什么必要。皮埃尔尽量跟他讲道理，尤其对于他沉迷玩电脑手机的问题，但一点用都没有。亚历山大对各种电子产品都如痴如醉，最后皮埃尔不得不对儿子妥协。亚历山大属于那种浑身充满魅力、聪明又狡黠的男孩子，这些品质让他显得热情开朗，但学习成绩始终提不上去。对于那位总觉得对自己不够投入也不够严厉的父亲，亚历山大很喜欢对他说“你别管，我负责……”，然后报以会心一笑。皮埃尔凝视着大儿子，半是高兴半是怅惘，当然也始终夹杂着几分并不言明的温柔……于是乎，他开始像滴药水似的一点一点努力管着他的宝贝儿子亚历山大，仿佛雕琢一件艺术品。“随遇而安，青春常在”，谁都难免有筋疲力尽的时候，但亚历山大在这一方面却是个例外……青春期独有的汹涌澎湃的荷尔蒙和让人充满未知不可自拔的游戏世界占据了亚历山大的头脑，让他一时间仿佛让人捉摸不透，包括他自己。一方面，尽管天赋的才华让沉迷游戏的他本能地感觉很烦躁，另一方面，他又想沉迷其中无视外界的理解，但亚历山大依旧朝着一个极其讨人喜欢的小伙子方向成长，而他父亲皮埃尔也始终充满爱意地注视着他长大。

玛侬是个8岁的小女孩，长得非常漂亮，学习上很有天赋，人际关系却让人无法捉摸。在认知层面上，她的学习能力和记忆力与常人不太一样。而理性和感性方面，情况则更为复杂。因为被诊断出患有某种学习困难症（HPI），所以玛侬不太介意自己在很多方面并不能像其他小伙伴那样掌握得又快又好。她自己也清楚，所以并不否认生病的事，也不打算放在心上。做个天才？既不是她的困扰，也不在她的计划之内。玛侬继续走着自己的好姑娘路线，始终小心翼翼地把握着分寸，不把疏离感表现得太过明显，同时也要完全忠于自己、忠于自己所爱的事。这并不容易，因为她的某些爱好，尤其是对古典音乐的喜爱，起码和她周围的人格格不入。但她最后把这项无论从智力还是人际关系上看都很装腔作势的爱好变成了日常。简单来说，就是她可以避开所有人，完全不张扬，独自一人待在房间里，品咂着莫扎特23号钢琴协奏曲，感动得热泪盈眶。还有很多如此这般让身边甲乙丙丁们惊诧不已的事。毫无疑问，玛侬继承了她父亲皮埃尔喜欢独处、重内在、善自省的性格。但同时，她表面上又拥有更强大的变通能力，思想的灵活程度也令人惊讶，这使她能在各类环境中都能游刃有余。她是一条真正的变色龙，时而外向活泼天真烂漫，时而灵魂出窍神游天际。她观察着，不知道在自娱自乐些什么，继而陷入沉思，有时二者还能同步进行，然后再继续思索着那些思考的成果。很快，那些和她接触过的大人就感觉，这小孩永远慢好几拍。但这仅仅是种感觉。就仿佛加缪小说《局外人》的主人公默尔索一样，小玛侬从不说她不想，仿佛有时还极度渴望父亲真挚的爱。她和其他小孩不一样，其他小孩出于天性，会把脑袋里的想法都说出来，连不该说的也说，当然他们这么做可能更多出于纯粹的个人需要或是因为想法太单纯——自然，小孩子也因人而异。而小玛侬则往往吝啬于发表评论，她要的是绝对而完整的真相。她会做纯粹的研究，不多不少。她不玩，不和别人玩也不一个人玩，就这样轻描淡写地经营着自己独特的个性。不可思议的成熟气质和她那稚气十足的外表形成鲜明反差。玛侬超越了自己的年龄。

玛侬小小年纪却早已在最深的恐惧中品尝过生命的无常。就在她父母分开后不久，7岁的她失去了自己最好的朋友——目睹小朋友被汽车撞死。对于那场悲剧，玛侬几乎从未开口说过哪怕一个字，但内心深处显然留下了创伤。从此她的人生不复以往。那场悲剧让她比从前更加特立独行。玛侬汹涌澎湃的内心世界往往让大人们迷惑、好奇又欣赏不已。哪个是真正的玛侬？她今后的人生将沿着哪条道路往前走？她的大脑深处到底在发生着什么？没有人能彻底了解，她的父亲皮埃尔不知道，她的亲生母亲不知道，她的老师们也不知道……玛侬的聪明，和她超乎实际年纪令人惊叹的成熟和表现出的所作所为，都使她变成了一个很特别的孩子，每天活在自己丰富充盈的内心世界里，那里只属于她本人，她精心看护着，不让外界涉足分毫。尽管亚历山大和玛侬之间相差了8岁，但那个应该"管着"他俩的人实际上并不是他们信任的人……

皮埃尔和小女儿玛侬的关系现在终于缓和了，但他俩曾一度剑拔弩张势同水火，这全因阿萨这位年轻貌美的闯入者惊天动地地到来。当玛侬还沉浸在对亲生母亲深深地依恋中时，一个叫阿萨的女人几乎以迅雷不及掩耳之势一下子占据了玛侬的视野，让人睁不开眼睛。阿萨长得明艳动人，还和爸爸浓情蜜意，玛侬隐藏在心中最后一丝与父亲和解的渺茫希望，很快就被她巨大的存在感切断，再也没有了转圜余地。极度细腻又善于分析的小玛侬别无他法，唯有接受这令人不快的现实。但作为一名优秀的理性主义者，她开始权衡眼前新状况的利弊，最后得出结论，阿萨仿佛全家福的一个新部分，她也没那么坏。尤其是添了小弟弟之后，家里还充满了前所未有的喜气洋洋的氛围，无论如何这就值得给阿萨多一些理解！经过深思熟虑后，玛侬告诉自己，原本情况会更糟糕，但今后要好好适应家里这个新人。于是她决定对阿萨半开心扉，公平客气地对待她，而不是把她完全排斥在外。没有比这更能体现她坚定不移的实用主义了，因为归根结底，父亲和两任妻子以及重组家庭的那些事儿，跟她无关，也提不起她的兴趣。

搞笑的是，阿萨和皮埃尔之间的年龄差与阿萨和亚历山大之间差不多，这点玛侬可没忘了记下来，闲暇之时还偷偷躲在角落笑。于是，阿萨自愿来到他们代际冲突的前线，以便更好地接近孩子们。这种尽在不言中的默契让这个全新组合的家庭内部有了凝聚力，皮埃尔对此乐在其中。家中积极的变化让皮埃尔放了心，觉得两个大孩子会逐渐接受自己的新伴侣。当然担心也是有的，与生俱来的代际关系会凸显他的年龄，而自己和今后家庭添的新成员间的年龄差距只会越来越大。但这也不重要了，他最终想通了，他告诉自己，人不可能样样兼得。所有人都十分明白，岁月恐怕会进一步加深这道年龄的鸿沟。皮埃尔高度警惕着所有感情方面的预言，他太了解感情里潜在的破坏者了。

小儿子纳坦的到来出乎皮埃尔意料，绝对出乎。在快48岁的年纪再次当爹，既不在他的计划之内，也并非他心之所愿。和弗洛伦丝的第一段婚姻已经有了两个孩子，他们是这对怨偶唯一仅有但灿烂辉煌的胜利。有两个孩子已经很多了，而且在纳坦出生前，皮埃尔始终觉得老来得子非常怪异，甚至很不正常。但阿萨不可阻挡地闯入了他的生活，她很快踏破了皮埃尔所有的执念，还让他开始重新审视自己很多思想上的局限。不久之后，阿萨就毫不掩饰地表现出想和自己深爱的、年近半百的丈夫再要一个孩子的强烈渴望。皮埃尔别无选择，只能又快又好地推进此事，以免双方出现认知失调。

客观上讲，纳坦是个好宝宝，但在出生的前几个月里，他的睡眠和性格可都是个大问题。为什么要生他呢？不光累，还在这个全新的、前所未见的小家庭里造成了紧张气氛。冷静的皮埃尔是这样告诉自己的，一般重组家庭在这种喜庆的氛围中都习惯性地弄一些恶作剧来迎接初来乍到的新生命。沉浸在巨大幸福中的皮埃尔，凝视着阿萨在头几个月每天给纳坦喂奶的场景，想想亚历山大、玛侬和纳坦之间与生俱来割舍不断的血缘关系，这些足以使他迅速认定了这点。他心里明白，这个决定是对未来的赌注。每天日子都过得不一样，每天家里的和谐与佛系程度都大相径庭，但没有哪件事会严重到能够阻碍大家迎接这位新生命的到来。阿萨和三个孩子同框的画面如此美妙又如此动人，让皮埃尔一再品咂。皮埃尔是个幸运的男人，尽管对未来并没有百分百的把握，这点他自己清楚，但他同时知道，生命中也充满诗情画意。

儿童和青少年大脑的成熟

儿童和青少年大脑发育的几个重要阶段分别是什么？这是一个基本问题，解答清楚了，能帮你更好地了解孩子，更好地教育孩子。说白了，就是对你有用，对孩子也有用。为了不让晦涩难弄的神经科学术语和概念把你吓跑（怕你就此合上本书，然后把它归入“读不懂”行列扔到书架最里层），在此我们回归儿童及青少年大脑发育的根本，划分出作为父母师长需要了解的儿童及青少年大脑发育的八大关键阶段。

1. 大脑从第三周开始发育。对，孕期第三周！然后开始疯狂生长：大约每分钟生出25万个新的神经细胞（即神经元），每天就有约4亿个，平均每月就有100亿个。更何况还有每秒产生的200万个神经元间的联系（即突触连接）。此乃一场名副其实的神经元烟花秀！随后，一个非常重要的大脑现象上演了，并将持续整个大脑成熟过程，即修剪——只有最有用、最具联系性的神经元才能继续存活，其他则被淘汰。如此一来，在我们呱呱坠地之前，其实已经失去了将近一半的神经元！值得注意的是，在整个孕期，胎儿的大脑都是极度脆弱的。任何营养的缺乏（尤其是叶酸）或沾染任何有毒物质（如酒精、药物等）都会对腹中胎儿的大脑产生不可逆转的损伤。

2. 从孕5月起，胎儿的大脑会对外界的声音和触碰做出回应。在妈妈肚子里待满32周后，胎儿会记下自己经常听到的声音，并对相应声音和动作建立因果关系。打个比方，如果准妈妈经常收看令她爆笑的电视节目，那腹中宝宝今后极大概率会对类似的声音留下积极的记忆痕迹。

3. 婴儿出生时大脑重约350克，然后仅用一年时间便可增重3倍。也就是说，到孩子1岁的时候，其大脑重量和他成年后的大脑重量已经相差无几（彼时重约1.3千克）。数以亿万计的神经元在大脑结构中各就各位，神经元间的突触则伴随着如影相随的突触修剪呈现惊人的指数式增长。说白了，婴儿的大脑中只会留存能有助于他面对所处环境的神经元和突触。婴儿大脑中的可用突触是成人的2～3倍，且随用随取，故而婴儿具备不可思议的可塑性和学习能力。此外，主要负责交际能力和非语言性沟通的右脑统治了3岁以下的大脑。

4. 小朋友的大脑在很小的时候（2～5岁）就逐渐成形，突触进入稳定期，突触修剪能使突触数量保持恒定，同时强化优质神经突触对大脑发育的作用，淘汰无用突触。此时的大脑失去了灵活性和可塑性，却拥有了超高效率！大脑的新皮层结构（即所谓“最高智慧”，是使孩子具备思考、分析能力的脑结构）在5岁前发育完毕，能让孩子减少情感冲动，更好地控制自身情绪。此时，左脑也开始生长发育，得益于超强的可塑性，一个20～30个月大的婴幼儿就能不借助外力帮助自己学习母语了。真是太惊人了！

5. 大脑的发育还在继续，新一轮突触联系（和突触修剪）的大爆发出现在6～11岁这个阶段，也就是青春期之前。此阶段，随着髓磷脂的分泌（即髓鞘化），孩子前额叶皮层的神经元进一步加强。髓鞘化形成的绝缘脂质层保护了这部分神经元，并确保神经冲动更加迅速，传导信息也更加精准。儿童的脑子几乎没有弯弯绕，所以能够自然而然地学习新事物、更好地控制自己的冲动、做出判断和决定。大脑宫殿开始初见雏形。

6. 青春期，那个讨人喜欢的小可爱，那个从早到晚不停用天真眼神望着你、不断求着你抱抱举高高的小可爱哪里去了？现在，这个让我们父母焦头烂额的时期到了。不管你已有所耳闻，还是缺乏经验，你家那位小大人的脑袋里的确发生了变化！但具体是什么呢？这就是我们做父母的都想知道的关键问题。答案的几个关键点：青春期阶段，孩子大脑中负责情感的部分会出现深刻变化，具体表现为新的神经元产生、脑灰质重新分配以及由于性激素喷涌导致的情感泛滥。简而言之，这些因素在大脑边缘系统中大幅震荡！从而也就清楚解释了为何青少年会极度敏感，以及为何他们在别人眼中、在认知层面和在团队工作等方面的行为会如此肤浅。正如哈佛大学神经科学家芭芭拉·勃拉姆斯所提到的："大脑中掌控情绪补偿的区域——伏隔核的活动，在17岁左右达到顶峰。此阶段的大脑会前所未有地为哪怕一丁点儿快乐而狂喜不已。青少年有时会沉迷性爱、药物或说唱等事物，也就不足为奇了。"[①]这种青春期冲动表明，大脑中掌管情感的边缘系统以及作为认知功能和理性思维大本营的前额叶皮层，二者间的神经元沟通还远未匹配，处于失衡状态。总之，边缘系统一如既往冲在最前，尤其冲在背外侧前额叶皮层前面，而这个背外侧前额叶皮层是人类大脑最晚发育的区域。由此可见，青少年时期的躁动不可以用常理喻之。所以放宽心，要欣慰地看着自家孩子度过这些大脑发育的正常阶段，如果实在太闹心，那至少拿"神经性问题"当借口，要理解孩子，不要过度解读他的行为，还要向他表达无条件的爱，毕竟是亲生的！

7. 法国杂志*Psychologie positive*近期刊文指出，青少年阶段的大脑呈现一个十分有趣的特性：青少年的思维尚未形成定式，其原因在于突触的不稳定性。正因如此，青少年才特别具有创造力，会冒出前所未有的点子，会有天马行空的想法（比如有跳脱出梦中限定场景的能力）。也许青少年在单纯分析和理性思维方面并不强，但他们的创新能力十分突出。总而言之，每个年龄阶段都有其自身的优势和特点。

---

① *Psychologie Positive*, 增刊第11期,《我们的大脑：心理学和神经科学的惊人发现》。

8. 在25岁左右，大脑完全成熟，突触稳定下来，大脑各项功能齐全，达到巅峰状态。然后在往后余生，它都会不断调整，灵活性、突触的速度和神经元数量都会随着年龄增长而衰减。但万幸的是，只要保养得宜，神经元衰退的自然进程可以得到极大减缓和遏制，所以一定要注意自己的生活方式和生活环境（如饮食、运动、焦虑排解、社会关系等）。

UD和不可思议的儿童神经可塑性

2018年7月，美国《细胞》（*Cell*）杂志发表了一篇足以惊世骇俗的文章①，文中用很长篇幅讲述了一则由于儿童大脑天然的可塑性，使其具备超常重新整合能力的病例。该病例是这样的，一位名叫UD的美国小男孩，由于在4岁时脑部长了一个肿瘤，从此患上癫痫。更可怜的是，该病无法医治。过了3年，面对日益恶化的病情，在已经没有其他任何医疗手段可以根治的情况下，医生们决定直接斩草除根，对孩子右脑中与癫痫发作相关的区域实施切除手术，但可能会影响孩子大脑正常发

① Tina T. Liu, Adrian Nestor, Mark D. Vida, John A. Pyles, Christina Patterson, Ying Yang, Fan Nils Yang, Erez Freud, Marlene Behrmann, « Successful Reorganization of Category-Selective Visual Cortex Following Occipito-Temporal Lobectomy in Childhood », *Cell*, vol. 24, n° 5, 31 juillet 2018. Opération menée par la neurochirurgienne Tina T. Liu de la Carnegie-Mellon University (États-Unis).

育。此时的UD已经7岁了。导致癫痫发作的区域主要集中于大脑枕叶（位于大脑后端，负责处理视觉及感知形状）和颞叶（负责听觉、语言和记忆），手术后遗症是可以预见的，而且无论如何操作，孩子三分之一的右脑都将被切除。但不管怎样都必须冒此风险了，因为别无他途，这是让孩子活下去的唯一办法，这场手术乃背水一战。

4年之后，神经可塑性的神奇力量显现了，UD的癫痫彻底痊愈了。他唯一留下的后遗症是左侧视野缺失（此处必须说明，右脑驱动左侧身体，左脑驱动右侧身体）。“当他目视身体前方事物时，所有视觉信息都无法通过大脑传递。但他可以通过转动头部或转动眼睛来看清楚眼前事物。”卡内基梅隆大学神经学家、同时也是该研究报告的共同作者玛琳·褒曼如此解释道。

还有更好的消息，根据法国《费加罗报》（Le Figaro）报道：“医生们发现该男孩表现出了高人一等的智慧，而且其感知和识别人脸及物体的能力完全正常。”

据神经学家和相关的研究人员解释，这个案例之所以能取得不可思议的成功，是因为大脑具备超乎寻常的可塑性，它能够根据手术后的新情况进行自我调整。由此，未经破坏的左脑可以对右脑损失的部分进行大幅增援，维系右脑功能，尤其是对人脸、物体和词汇的认知功能。左脑通过重新整合，基本能承担右脑缺失部分的工作，使得UD能以近似正常人的方式生活下去。但在此要提醒大家，脑叶切除术是一项罕见的手术，在各年龄段罹患无法治愈的癫痫疾病的患者中，仅有4%～6%的人接受了该项手术，且预后时间非常长。UD是不幸之中的万幸，他接受这项手术时年纪很小（7岁），使得大脑的可塑性得以充分发挥。若是一位60岁的患者做此手术，他面临的后遗症将会棘手得多。

7:00

大家起床了

给孩子一场高质量睡眠

皮埃尔的早晨可谓相当辛苦，尤其是轮到他照顾两个大孩子的日子。有一个感觉整夜都在玩手机还和自己关系紧张的亚历山大，还有一个仿佛在一年前断奶后就没消停过的小纳坦，置身他们之中，全家安睡到天亮显然成了奢望，夜晚对家里每个人来说也愈显短暂。除了迷惑行为者玛侬——当然也可以更亲切地称其为“清醒者”，她仿佛始终能对周遭的纷扰置身事外，对所有身边事物保持佛系。据说她对此从没有任何明确表示，和别人完全不一样。

皮埃尔给整个小家庭准备了早餐。当然，必须伴随着音乐声！多年前他就已经这样了。采用“音乐换新闻”方法后，皮埃尔感受到了立竿见影的良好效果，全世界的坏消息都会晚到几个小时。父亲的做法给亚历山大增加了很多笑点，每当看到父亲像个半大孩子似的，带着并不属于自己的节奏感徜徉于音乐的海洋，他就觉得很好笑。自从有了音乐，家庭气氛变得更加轻松，也有更多家庭成员愿意听音乐了。那台整天开着发出嘈杂背景音的电视机只会把家里所有人搞得头昏脑涨。这种由皮埃尔首创的“新生活方式”很快就收到了良好反响，不管怎样，孩子们在很久之前就率先把这台杵在客厅中间的庞然大物视为了20世纪的怪胎。

但无论听不听音乐，亚历山大都累得要死。因为，他的睡眠越来越不稳定，断断续续的，而且质量很差。他总是睡得很晚，整天盯着电脑和手机屏幕。有时候玩得太过分，把父亲惹恼了，命令他不许再玩游戏，然后他把电脑关掉，直接去玩手机了。亚历山大玩电脑玩手机的劲头水涨船高，根本停不下来，连洗澡和上厕所的时候都停不下来。皮埃尔眼里瞧着，很是担心却又无能为力。必须指出的是，他自己在这种电子产品上瘾的问题里也不甚清白，他也一天到晚查邮件、看短信、刷社交软件。他对待电子产品的行为说到底和亚历山大差不多，只不过父子俩玩的不是同款游戏，仅此而已。亚历山大就常常拿这点跟父亲顶嘴，当父亲的猝不及防，只能辩解说自己是随便看看，是为了工作，是有急事要办……反正，所有这些半吊子借口骗不了任何人。这样一说，亚历山大就知道可以让老爸退避三舍，自己也可以赢得片刻清净。而皮埃尔也结结实实地意识到，在教育孩子之前，他得先管好自己。如此一来的结果就是正中下怀，键盘生活和数码生活很快占领了整个家，除了纳坦，他好像暂时还没被传染，但谁知道他能坚持多久呢？

小纳坦不稳定的睡眠最终让所有人崩溃了。阿萨只要一听到哭声就冲进房间，真是为母则刚！克洛伊，阿萨的好闺密，跟她信誓旦旦地说，如果任由一点点大的小朋友独自哇哇大哭，对小朋友的情感建设会很不利。从此以后，如果没有母亲陪伴在旁，纳坦就好像彻底失魂落魄，再也没法自己入睡了。而皮埃尔则回想起亚历山大和玛侬出生时自己初为人父时的心情，他跟阿萨解释说，纳坦要逐渐学会独立睡觉，这点十分重要。阿萨把皮埃尔的话当耳旁风，丝毫不放在心上。只要远远听到纳坦发出一丝抽泣，她就能瞬间跳起来，仿佛和儿子有心电感应。而且她简直发展到了不起床看下“她的小宝贝”就不行的程度。但这事存在的唯一问题，纳坦已经不是一个小宝宝了，而是个快3岁的大宝宝了！

对于这个问题，皮埃尔和阿萨之间潜伏的危机也在积聚。难道是因为纳坦的睡眠始终没有改善的缘故？恰恰相反，这反而给了皮埃尔借口。阿萨自己始终难以找回原先的平衡状态，一边觉得累到崩溃，一边又心生愧疚，觉得自己对儿子做得不够好。夫妻俩对眼前的危机必须迅速找到解决办法，为纳坦好当然是第一位的，但同时也是为了拯救他们自己的生活。压死骆驼的最后一根稻草是长期劳累。每当纳坦给她留出几分钟难得的喘息时间，她唯一想做的就是睡觉！累到崩溃的阿萨最后开始抱怨皮埃尔和自己不在一个频道上，对纳坦的睡眠问题不上心，然后又对埋怨丈夫的行为感到后悔，因为她心里其实很清楚，皮埃尔说得对，她觉得自己泥足深陷。

至于玛侬，好像是这个家中唯一一个在夜晚有所收获的人。她发现如果自己在晚上入睡前背诵课文和诗歌能记得更牢，所以她就跑去网上钻研这个问题。她一头钻进了一篇由睡眠神经科学专家写的文章里，文章又从记忆进程的角度全方位坚定了她临睡前复习功课的兴趣。玛侬略带骄傲地把这些都解释给自己爸爸和阿萨听，他们聚精会神地听着，阿萨还说以后做采访前要用这个方法让自己更好地做好准备。而分析家玛侬也由此找到了一个快速有效、事半功倍完成作业的方法。

睡眠，儿童大脑发育的关键

一个孩子彻夜啼哭，另一个孩子彻夜不眠，皮埃尔和阿萨的浪漫长夜也因之变得焦躁不安、支离破碎。根据法国国家睡眠与觉醒研究院（Institut national du sommeil et de la vigilance，简称INSV）2017年在世界睡眠日发布的一项研究成果中指出：

- 三分之一的法国人受睡眠问题困扰；
- 近三分之二的法国人对自己的睡眠质量不满意。

皮埃尔的小家庭也不例外，虽没那么严重，但不确定这点能否安慰他们。正如法国国家睡眠与觉醒研究院院长若埃尔·阿德里安（Joëlle Adrien）医生强调的，大众尤其是年轻群体睡眠缺乏“在专家眼中不啻为一种真正的传染病。睡眠欠缺会影响白天人体的正常运行，降低觉醒水平和注意力，造成注意力不集中、学习能力下降、表现力下滑。从长远看，还会加大人体对兴奋剂的摄入量，增加肥胖和罹患疾病风险，并造成抗压能力减弱，出现焦虑、倦怠和某些上瘾行为。”[①]

“互联网一代”是近20年来伴随着数字革命——互联网、智能手机、社交媒体出现的标志性群体，他们深受科学技术发展和社会变迁的影响。阿德里安

① www.institut-sommeil-vigilance.org

医生由此指出，很多这一代孩子的父母或老师只是看到了这一点又无力改变，更有甚者，只会悲叹："年轻人最容易受这些新生活方式和聊天工具的影响，而且受影响的年龄越来越小，他们都沉迷其中，还产生了依赖性。"

在这场关于注意力的持久战中，青少年和他们身边的人（家人、老师等）对于睡眠对大脑健康（当然也包含广义的健康）所起的基础性作用的了解程度和受培训程度，成为了全民关注的热点。调查显示，今天的我们比50年前少睡了大约1.5小时！大众普遍缺乏睡眠成了一个真正的社会问题，会对国民身心造成不利影响。持续的睡眠问题最终会使人感到疲惫、孤僻、自闭、身心煎熬。还会让人每夜沉迷于电子设备到深夜，更有甚者会造成慢性焦虑、行动迟缓、情绪不稳、胡思乱想、自我纠结……真是地狱般的恶性循环！很难想象三分之一的人生要用这种方式度过。

儿童睡眠的六大要点

1. 大脑机器的组装与更新

睡眠是人对外部世界失去意识（但感官接收能力不会丧失）的一种状态，睡眠对我们身体和心理的发展都至关重要。尤其当我们处于睡眠状态时，人体细胞会进行更新换代，同时排出毒素。正如神经科学领域权威专家蒂埃里·伽洛平（Thierry Gallopin）总结的："在每夜的睡眠过程中，神经元都会洗一次澡，以保证第二天早晨神清气爽精神焕发。"（大脑的清理系统学名为"类淋巴系统”，由美国罗切斯特大学研究人员发现）此外，当孩子睡觉时，他们的中枢神经系统能得到发育，生长激素得到分泌，免疫系统功能也得到增强。最终所有这些十分重要的发育过程合而为一，共同促进了孩子健康发育、学习进步和情绪平衡。

2. 因人而异的时间生物学

睡眠面前，并非人人平等，孩子之间亦是如此！世间存在短睡眠者和长睡眠者的区别，但个中原因至今很难破解。如此一来，最好的办法就只能是观察和记录他们各自白天的身体状态。打个比方，作为一名成年人，你可能每晚只睡5个小时但白天也不会觉得特别累；或者恰恰相反，晚上睡足9个小时，但整个白天还是觉得累得要死。我们的时间生物节奏都因人而异，从先天因素算起都可以牵扯到一大堆复杂的数据。但孩子们对睡眠的需求更为特殊。若说纵贯一生睡眠都拥有至关重要的意义，那它对儿童和青少年大脑的意义堪称重中之重，因为他们的大脑始终不停地处于生长发育状态，直至25岁左右达到顶峰。

3. 睡眠对巩固记忆的重要作用

在睡眠中深睡眠的两个阶段，大脑会对信息和记忆进行处理。整个白天接收到的信息会被分派至大脑的各个部位留存，或被直接丢弃。重要数据会在深睡眠IV阶段被储存进长期记忆中（大脑中的海马体再次发挥了重要作用）。这一步骤某种程度上可以类比为将电脑上的数据存入硬盘，以便日后取用。

4. 消除紧张情绪和无意识思想的关键时刻

大脑具备全天24小时连轴运转的特点，而且在此过程中，潜意识的大脑活动以90%的绝对优势战胜了仅有的10%有意识的活动！我们越觉得所谓坚不可摧的意识是如何全知全能战无不胜，我们就越好奇，越想了解所谓无意识（即潜意识）的过程。正是在睡眠过程中，大脑能清理掉白天累积的所有紧张情绪，而潜意识的想法则在这个决定性阶段中帮助孩子更好地控制自身情绪，促进认知发展（如记忆、分析、决定等）。

5. 午睡的重要性

若说一夜好眠对每个人的机体平衡都发挥着显著作用，那么日照三竿后的一场午睡其实对大脑机器的加载也有着同样重要的作用，对婴幼儿而言尤其如此。正如西尔维·罗恩（Sylvie Roy）医生反复强调的那样，对午睡的需求会随着儿童年龄的增长而发生变化。0~3个月时，“白天与喂奶时间错开，需进行4~6次睡眠”。快4个月的时候，“基本会形成白天睡3次的规律。早晨睡1次，午饭后睡1次，傍晚时分再睡1次”。到了12~18个月大的时候，“上午必须睡1次，午饭后再睡1次”。从18个月大开始，“最好形成午饭后睡一场长午觉的习惯”。最后罗恩医生强调，孩子四五岁的时候，“最好要留出一段休息时间。上学的日子，要让孩子至少留出一段安静的时间，把头枕在胳膊上，闭目养神，这样能使孩子休息一会儿，也有助于重新集中注意力。在家的时候，比如没课的周三或周末，也要让孩子躺下安安静静睡一会儿。借此机会你也睡一会儿。”这里有一个特别好的建议供大家参考，可以试着把孩子午饭后的休息和家长的午睡结合起来，这也是小孩和大人都渴望的心理需求！

6. 工作中的脑电波

睡眠由若干个循环阶段组成，这其实也是一个脑电波准时卡点就位的故事：

- 入睡期（5～10分钟）：进入半睡眠状态、哈欠连天、反应迟钝。清醒状态与睡眠状态间的过渡表现为觉醒程度降低、肌肉紧张度降低以及心跳速率降低。大脑活跃程度与脑电波活跃度成正比，在此阶段，脑电波的频率为3.5～7赫兹（θ波）；
- 浅睡眠期（10～15分钟）：呼吸放缓，心跳减慢。大脑对外界刺激依旧保持敏感。浅睡眠阶段的脑电波频率依旧为3.5～7赫兹（θ波）；
- 深睡眠Ⅲ期（30分钟）：呼吸缓慢，肌肉松弛，大脑对外界刺激没有反应。在此阶段，脑电波活动频率为0.5～3赫兹（δ波）；
- 深睡眠Ⅳ期（30分钟）：最关键的阶段来了！机体疲劳的恢复、大脑功能的更新、对白天接收信息的处理和储存（即记忆）均发生在这一阶段。脑电波在这一时段的活动频率同样是0.5～3赫兹（δ波）；
- 异相睡眠阶段（又称快速眼动睡眠阶段，10～15分钟）：脑电波剧烈活动，眼球快速运动、频繁做梦，但肌肉依然处于完全无力状态（“异相”之名即由此而来）。做梦是这一阶段最显著的特点。在异相睡眠阶段，脑电波频率重回峰值，达到14～30赫兹（β波）。

由此可见，如果想保证睡眠质量，恢复充足的体力，就必须对睡眠重视起来，尤其是睡前要远离一切消遣娱乐或者令人脑产生兴奋的事物（特别是远离各类电子屏幕发出的蓝光，这种蓝光会令大脑误认为凌晨1点依旧是大白天，从而使孩子始终杵在电脑游戏前）。

让孩子一夜美梦的16条实用建议

想要一夜安睡，准备工作首先应从白天做起，而非“临睡抱佛脚，”甚至在大半夜失眠的时候才匆匆想起。下文是16条实用建议，希望能帮助你家孩子在睡神的怀抱中沉沉睡去。小小的重要提示：良好实践需躬行（如心脏连贯呼吸操、睡前阅读、写日记等），请尽早将这些好习惯告诉孩子，别等到他们都十五六岁了再说。孩子越小，会对这些睡眠的仪式记得越牢，而且小朋友们的接受能力更强，也会对这些仪式更感兴趣。一旦长到了十五六岁进入青春期，这个年龄段的孩子可是有很多别的事情要忙活的！

白天

- 和孩子一起寻找光，尤其是冬天。大脑需要光来调节内在的昼夜生物钟（即昼夜节律调节）。
- 让孩子白天进行户外锻炼。这么做的目的是使大脑神清气爽，重新充满活力！
- 带孩子做心脏连贯呼吸操，每天做3次，每次5分钟。这么做的目的是调节自主神经系统，缓解慢性焦虑。
- 不要让孩子在下午5点过后睡午觉，免得晚上正常睡觉时间发生变化（除了刚出生的第一年，从心理学角度婴儿需要在傍晚睡一觉）。

晚间

- 晚饭要“轻食”，且不要在睡前2小时内进餐，以免给消化系统增负担。晚餐尽量避免摄入“神经兴奋剂”，如包含添加糖的食物（即会引起血糖快速升高，并易造成脂肪堆积的食物）和诸如可乐之类含有大量咖啡因的饮料。

- 夜深请关闭智能设备，尤其是电子产品。此类设备发出的蓝光会给大脑造成错觉，阻碍其分泌助眠所需的褪黑素，从而导致大脑始终保持清醒。如果再因为一局游戏的输赢而越发兴奋，或高兴或沮丧，那孩子就别想睡了！

临睡

- 在小婴儿还醒着的时候就让他躺下，让他尽快学会脱离大人陪伴独自入睡（这也是避免日后许多麻烦的关键步骤）。
- 强化孩子睡眠仪式感，增强睡眠信号，同时训练其起床、睡觉、小憩和午睡的规律性，节假日周末亦同。此方法能帮助小朋友养成良好的生活习惯，规律作息。
- 有效利用上一点中提到的睡眠仪式感，将其作为和孩子亲密接触、增进亲子关系的宝贵时光。比如，给孩子讲个故事或读几页书，这是一个帮助孩子入睡的好办法。当然，这些仪式感会随着孩子年龄增长而有所变化，孩子越大，父母在其中的参与度随之减弱。
- 一旦孩子会写字之后，可以让孩子每晚睡觉前写一页《一天中三件幸福的事》的日记，记下这一天中他自己遇到的三件小确幸。
- 发现以下情况立即让孩子上床睡觉：眼皮打架、站着就睡着、脾气开始烦躁或暴躁等，这些都说明孩子正在和疲劳做斗争。
- 尊重孩子天然的“入睡—觉醒”节奏，这一节奏并不完全依照你的安排。

夜晚

- 注意孩子卧室温度最高不超过19℃，同时保持房间空气流通。
- 有小宝宝的家庭请注意，孩子夜间醒来多数时候属正常现象，是为了更好地进入下一段睡眠。宝宝的清醒时间会持续几分钟，期间会玩耍、哭泣或牙牙学语，然后无须家长哄抱便可兀自睡去。若家长在孩子醒来的第一时间便加以干预，那孩子便失去独自入睡的节奏。但是，如果一旦发现孩子持续哭闹，且哭声愈演愈烈，则必须及时安抚，因为觉得孩子任性，而一味放任其哭闹不休，只会加剧孩子心理上的不安情绪。

次日早晨

- 尽量选择用自然光线（或能令人兴奋的晨光）将孩子温柔唤醒，这对孩子神经生物学意义上的清醒无疑是最有利的。
- 为一个安逸平和、渐入佳境的早晨留出必要的准备时间。花时间苏醒、洗漱、准备一顿美味的早餐。有小宝宝的家庭不要忘记，小宝宝对时间的概念和咱们大人是不一样的。

对美梦和噩梦的兴趣

一个多世纪以来，精神分析师们就长期饶有兴趣地着手破解梦的谜团，后来，这方面研究又成为神经科学专家们的练武场，目前，后者在这一领域的认知和理解可谓一骑绝尘。

第一个发现：我们能梦到一切！更真实一点，我们将近四分之一的人生都是在做梦中度过的。即便我们通常意识不到自己做梦。换句话说，即便我们没法每天早上起来都能记得昨晚梦见了什么，真相却是的确做梦了。而且就算我们觉得自己整夜都在做梦，但实际上绝大多数的梦都发生于异相睡眠阶段。从神经科学角度看，梦起源于大脑脑干部分的活动，经由脑干网状系统，维持大脑皮质的清醒状态。然后，就这样，五光十色的画面喷薄而出……

曾几何时，梦的作用多半被认为与弗洛伊德“欲望的压抑”观点相关，甚至是此观点的缩略版，认为梦是人类潜意识的情感宣泄，得以让人年复一年维持完整的自我。然而，神经科学界对梦的独特作用研究得更为深入，并大大拓宽了梦作用的范围。这一全新的认识使关于梦的研究领域焕然一新，尤其激发了科研人员对孩子成长过程中梦的作用的研究兴趣。在此，为了那些成天梦想长大的小可爱们，我们用几个关键点来总结一下让我们兴致盎然的梦。

恐惧的刺激

首先我们得了解，大约三分之二的梦都是令人害怕的。但这已经很不错了！尽管噩梦是一个虚构的场景，但其来袭时对大脑而言无比真实，于是大脑会开始保护自己，并想出方案应对恐惧。这样的结果就是，一旦孩子在现实生活中遭遇类似困难，他们会做好更充足的精神准备。法国神经科学家伊莎贝尔·阿尔努夫（Isabelle Arnulf）团队2013年曾针对此问题做过一项有趣的研究，研究对象是参加医学院入学考试的高中毕业生。研究发现，考试前夕晚上做噩梦的学生考试成绩普遍比没做噩梦的学生高，因为前者的大脑在那些不安的夜晚已经被噩梦独霸，所以在考场上更能集中精神攻克难题。

创造力的刺激

做梦的时候，我们的大脑会从意识和理智中抽离出来，开始向各种闻所未闻的主意进发。这一被伊莎贝尔 · 阿尔努夫称为“随机胡思”的过程可以使大脑跳脱常规的范畴和常识的滤镜，书写全新篇章。简而言之，孩子的大脑（包括大人的大脑）在梦中不受约束，能够在创造力和想象力中自由驰骋。此外，还有一点也应该广而告之，即很多大发现、大发明都是半夜入梦，第二天清晨浮现脑海。真是个好主意！

对他人敏感细腻

由于镜像神经元系统的活动，我们在梦里时不时能站在他人立场考虑问题，这也大大加强了我们的共情能力和情绪感染能力。结果就是，我们能够更好地理解他人的情感，并进化出更高的情商和人际交往能力。这一由做梦带来的共情能力对正处于神经元发育阶段的儿童和青少年而言尤为重要。

总而言之，对孩子所做的美梦也好噩梦也罢，咱们都无须担心，相反，应该为这些梦感到高兴。因为它们作用巨大，能帮助孩子在夜复一夜中成长成熟。“让生活充满梦想，让梦想照进现实”，在此让我们引用圣-埃克苏佩里的名句，然后，开工吧！

8:20

爸爸，我不想上学

在理智和情感间寻找平衡点

“当我们活在世上，面对难免的失败、挫折或苦难时，每个人采取的策略可能不尽相同：有人束手就擒，成为生活的牺牲品，有人奋起反击，成为生活的胜利者。坚韧绝不是一个成功学的故事，坚韧是一个被推向死亡的孩子为活下去而采取的策略，是一个关于抗争的故事：人生不应该是电影开头就定下的失败结局，而应该是一场不可预测的变化，充满了各种意外甚至浪漫的解法。”

——鲍里斯·西瑞尼克[1]

①《走出悲伤》作者。—编者注

皮埃尔喜欢早上送玛侬去学校。这是父女俩的专属小时光，可以远离家里日常吵闹的环境。这也是一段皮埃尔十分珍惜的时光，可以对小女儿的生活嘘寒问暖，可以了解她在学校的表现、和小伙伴们的关系以及和她亲生母亲的关系。只和父亲两个人在车里，玛侬也更容易袒露心扉。当然，两个人永远都是有一搭没一搭地聊着。和玛侬聊天，注意力必须高度集中，必须时刻竖起耳朵，从她充满警惕和见风使舵的话语中分析出蛛丝马迹。一边是强烈求关注的小儿子纳坦，一边是正深陷青春期危机的大儿子亚历山大，皮埃尔有时也没太多精力去关心本就沉默寡言的玛侬，而玛侬也不喜欢跟大人说自己的事。但不说不等于她永远一帆风顺，好在玛侬已经习惯自己搞定一切，这是她独有的行事风格。

皮埃尔深爱这个女儿。她说出的话往往语不惊“爹”死不休，要么是异于常人的智慧，要么是出人意料的精准。但当爹的皮埃尔同样知道，玛侬是脆弱的。她最要好的朋友奥黛丽在自己眼皮底下被汽车活活撞死，是她记忆里可怕的烙印。在奥黛丽的葬礼上，皮埃尔曾试着尽己所能安慰保护小女儿，但在这样的情境中，对一个年纪这么小的女孩子又能做些什么呢？说什么才能安慰她？皮埃尔已经做了自己能做的一切。至少从表面上看，这件事并没有给玛侬留下太多心理创伤，但她内心如何呢？如今的她倍感孤独。以前和奥黛丽在一起，两个小女孩亲密无间，几乎成了一个旁人水都泼不进的小团体。两个都很漂亮，组成了一个让人眼前一亮甚至久久难忘的组合。奥黛丽的离去一下子让玛侬失去了两样东西，一个是挚友，一个是和她组成的亲密无间二人帮。从此，玛侬一无所有。奥黛丽死后，班里其他同学也不都那么温和友善了。悲剧之后短短几个月，许多同学的怨妒、嫉恨都纷纷冒了出来，他们逼得玛侬越发躲进自己的世界里闭门不出。她远离所有攻击她的人，她竭力想接近自己的灵魂，接近纯粹的真实。

玛侬在学校的表现既单纯又复杂。单纯在于，她看起来学任何东西都毫不费力，每学期末都能得一堆高分和一堆赞美的评语；复杂在于，她总在自己特别正常但又充满假设的世界里兜兜转转，不断激发着自己的好奇心，满足着自己的学习欲望。但这所学校并不完全适合她，她有些厌烦了，对上学没了兴趣也没了热情，于是玛侬开始磨洋工。她的世界——她思想和梦想的秘密基地，都在别处。只有待在家里、独自一人的时候，听听古典音乐、写写东西、看看电影，或一连几个小时闭着眼睛用手指拨地球仪转，时不时让它停下，才能让自己重回那个世界。只有在这些和自己内心对话的独处时刻，她才能感觉到活力与真诚。她感受着、感动着、想象着……一言以蔽之，她拥有并且进一步激发了自己内心的真实。其余时间她就演戏，为了让别人不打扰自己，她驾轻就熟地披上好学生的外衣。这招很管用。因为除了亲生父母皮埃尔和弗洛伦丝，没有人，或者说几乎没有人会觉得一个小孩的内心世界能如此复杂沉重，然而这个小孩才8岁，却仿佛已过了几世人生。玛侬知道，自己的特立独行会让人生困难重重，尤其会妨碍到自己和其他同学的关系。不过她不在乎这些，她静候着自己的时刻，态度比以往更坚定。她开始投资自己的未来，谋篇布局，因为她知道终有等来收获的一天。而当那天来临的时候，她就能去很远的地方，离现在这一切远远的地方，去实现自我的圆满，去赋予眼前所有的痛苦以意义。对玛侬来说，时间不是问题，时间是她的同盟者。所以到最后，厌学实际上已经不重要了，她把自己可用的时间都用在充实自己的头脑，以及为未来终将到来的那天做准备。当然，很多时候这些事都是在巴赫、勃拉姆斯、莫扎特们的陪伴下进行的。但对身边人而言，面对这样的玛侬，迷茫和惊愕是在所难免的。尤其是当爹的皮埃尔，他不由地经常问自己，他和玛侬之间谁才是那个成年人。玛侬坐在自己身边仿佛查无此人，她好像在两个航班间穿梭，只有她自己才知道将飞往何处。皮埃尔明白，在未来的某一天，女儿将在别处与她自己的命运相逢，而命运也必将以某种不可思议又直击心灵的方式与她相认……他迫不及待地想听故事的下回分解。

什么才是真正的智慧

智商（IQ）在过去很长时间是、在未来一段时间也将依然是裁定孩子智力高低的参照指标。智商测试诞生于一个多世纪前，两位法国科学家——阿尔弗雷德·比奈（Alfred Binet）和特奥多尔·西蒙（Théodore Simon），他们当时正受政府委托设计一套鉴别学习困难学生的系统，于是推出了世界上第一套智力测试。这套检测智力高低的量表（又可用两位发明者的名字命名“比奈—西蒙智力量表”）确切诞生时间为1905年。此后的数十年间，在这片孕育了笛卡尔的美丽国度上，其风头一时无两——因为法国人别无他好，就喜欢给每个人贴标签，排除异类。尽管这套体系对人类智力的定义非常狭隘，但直至今日，万能的智商测试可以算无遗“测”的观点依然在很大范围、很多领域根深蒂固，尤其是在教育系统。大脑的复杂性显示，人类并不仅仅具有一种智慧，儿童（和成人一样）具备多种智力不断激发着大脑中各个特殊的区域。比如说，你家孩子可能动手能力比别人更强，或者对数字、文字更感兴趣，又或者人际关系方面多多少少强于别家孩子，再或者对自我的认知分析能力比较突出，还或者更喜欢亲近大自然一些……我们每个人都因为基因的关系，拥有不同的天赋。我们应该为之感到庆幸，因为没有什么会比千人一面更糟糕的。顺便提一句，人类独有的多样性也是我们领先于人工智能的必杀技。

法国的教育系统在制定确立培养什么样的人的“教学计划”时，（很可惜）对这方面的多样性关注甚少，只是依照单纯的认知标准进行人才选拔（比如分析能力、计算能力、记忆能力等），同时还经常公开贬损其他种类的智能（如情感智能、社交智能、应变智能等）。如今，这种做法使得教育只能培养出两个极端：一端是太多孩子学得一塌糊涂；另一端是出现一位标准的精英，为这点有限的智能趾高气昂，却不足以适应复杂的世界。

霍华德·加德纳的八大智能结构

哈佛大学教育研究生院心理学、教育学教授，美国人霍华德·加德纳（Howard Gardner）通过多年的临床观察，归纳并提出了“多元智能理论”。在观察患者心理行为的过程中，加德纳发现他们之中有些人已经失去了部分智能，但在其他方面的表现却一切如常。他由此总结出，我们每个人都拥有不同的智能结构，我们天生的倾向会着重发展其中的三到四项智能，即俗称的“优势”。尽管加德纳教授本人认为这套模型还过于谨慎，人脑的功能过于复杂，时至今日还无法完全解释，但通过他的多元智能理论，我们已然能够分辨出一名儿童优势的智能是什么。儿童本人的偏好及大脑灵敏度（灵敏度决定了我们对什么有天赋，会做什么事）显然对他自我身心的塑造和学业的成功与否具有决定性作用。让每个孩子都明白自己拥有多元智能结构，能使他们更深入地了解自身的强项和弱项，更理性地面对自己的成功和失败，从而强化自我认知，更好地投入到对新事物的学习中去。

法国的教育体系只强调两项智能，即言语—语言智能和逻辑—数理智能。如果你不能在这套预先设计好的框架内行事，那就会被认为不够聪明，最终在学业上很可能一败涂地。然而，你是有天赋的，只是在其他方面而已！所以就可以理解，为什么相当一部分天才人物，他们小时候的学习成绩都一团糟，因为他们不符合预先设定好的模板！

研究那套对人类智能定义十分狭隘的智商测试，是霍华德·加德纳科研道路的起点。智商测试主要局限于用逻辑—数理及言语—语言两项智能来决定个体间的高低优劣，加德纳正是抓住这套测试过于偏颇的缺点，提出了基于八大智能结构的全新评价量表，涵盖了理性、情感、人际交往、动手能力和直觉等各个方面。许多年过去了，但凡涉及大脑灵敏度和智能的不同结构，神经科学界依旧沿用此方法来划分其中涵盖的各种大脑活动（以将个体进行归类）。

自知-自省智能

（即“自我意识”）

该项智能反映了我们理解自身情感和感觉的能力、自我反省的能力和分析自身思想及行为的能力。能使我们更好地认识自己的希望和沮丧，认清自己的优势和弱点；帮助我们看到自己的不足，同时通过自我批评不断规范自我。这一智能结构与另一项智能，即交流-交往智能的作用相辅相成：如果我们想更好地同他人交往，就必须投入感情，接受他人，并能做到交往双方势均力敌。其实从逻辑角度讲，学校教育应把教孩子充分激发自知—自省智能放在首要位置，因为这一能力对孩子的成长发育有着至关重要的作用。此外，还可以举一个例子，常年进行入定冥想训练的人，能获得更加清晰的自我意识，并发展出超高层次的自知-自省智能。当然，这点在神经科学家们眼里并不意外，因为磁共振成像技术已经证实，接受长期冥想训练的人能够从深层次改变大脑的功能甚至大脑结构。

交往-交流智能

交往-交流智能指能够通过观察他人即刻的心情、意图、动机和情感，从而与他人形成良性互动的能力。该项智能需要具备强大的共情能力，善于倾听，善于合作，还要具备极强的忍耐力，在调解冲突和推进团队协作时能发挥巨大作用。若具备该项智能，我们就能够更敏锐地捕捉他人隐藏的或不愿言明的意图。很多领袖、组织者往往具备这项智能，但同时我们也能在从事护理、心理学家、人道主义者及教师等职业的人身上发现这一特点。交往-交流智能会充分激发位于脑岛和大脑前扣带回皮层的镜像神经元。现如今，人际交往合作的能力已成为获得成功的一项不可或缺的条件，所以教会每个孩子掌握这项能力已变成当务之急。从一开始，就要用实践以及一些具有实际意义又生动有趣的情境，教孩子如何与他人共情、如何为他人着想、如何进行情绪管理、如何保持自信的基础知识。目前，世界上越来越多的国家（其中以北欧国家和英美国家为代表）已经开始填补这方面的空白。

言语-语言智能

这是当今教育体系统-寰宇的真正标准，该智能通过语言来理解他人并表达自身思想。换言之，这项智能使我们有能力在听力或口语中选择并使用有效的词汇进行沟通。言语-语言智能同逻辑-数理智能一样，都是智商测试中的常规项。拥有了这项智能，我们就可以使用母语，也可以使用其他语言。不仅如此，其还是声音智能，词汇是所有声音的集合。故而，从事公务员、律师、诗人、作家等职业的人都具备发达的言语-语言智能，其他爱好说话、阅读、讲故事、听故事或热衷于玩文字游戏的人在这一方面的能力也都超过常人。所以从这点来看，忽视儿童阅读教育的现状堪忧。

逻辑-数理智能

逻辑-数理智能指我们计算、量化、解决数理问题、提出假设以及处理数理推论、符号、标志的能力。该项智能较强的孩子普遍拥有较好的推演和归纳思维（即能够按顺序由此及彼），按步骤通过逻辑推导解决问题的能力很强。一般来说，科研工作者这一群体的逻辑-数理智能普遍高于常人。该项智能和言语-语言智能并列为当今教育体系的两大基石。但值得注意的是，面对日益复杂的多元化世界，逻辑-数理智能过于直线不够多元的缺陷正在被放大。更何况，来势汹汹的人工智能的数据分析能力已远超我们人类。学校教育数学为王的时代已日薄西山，我们应该为之欢欣鼓舞！

音乐-节奏智能

该智能可以帮助我们听出节奏、音色，感受声音，感知音乐中蕴含的情绪，让我们谱出乐曲，辨别音乐的类型，记忆之，演奏之，并能捕捉到词汇和句子中的韵律。通常音乐工作者、乐队指挥、小说家、作家、作曲家、演奏家等人的音乐-节奏智能尤为发达。其实，音乐作为许多文化艺术类别的基础，是少有的能激发人类大脑各个部位的艺术活动之一，因而其对大脑发育，尤其是儿童大脑发育有着极其重要的意义。所以，让生活充满音乐或研习音乐，其实并非出自音乐狂热分子们的一厢情愿，而是促进人类大脑发展的支柱。

视觉-空间智能

视觉-空间智能与我们对三维立体事物的思考和分析能力有关，能够激发大脑对空间的想象和对事物的图像进行转换。通常，这一智能在那些方向感极佳或对形状、颜色十分敏感的人身上体现得淋漓尽致。地理学家、建筑学家、画家、摄影师、摄像师们往往在这方面天赋异禀。多说一句，很多日常被口诛笔伐的电子游戏，都能起到正向激发大脑视觉-空间智能的功效。

身体-动觉智能

这一智能代表了人体自然运用身体进行交流、自我表达和传递信息的能力。其能帮助我们通过各种细致的身体动作，完成各项任务，如操作物件、肢体语言展现、体育锻炼、实现精准位移等。若一个人多使用肢体来演绎情绪、善于通过动作来完成交际、协调性极佳、拥有一双巧手或身体柔韧性极强，则必然拥有强大的身体-动觉智能。所以不难推断，运动员、演员、舞者、外科医生、手工艺者等在此方面都胜常人一筹。不仅如此，身体-动觉智能还与自知-自省智能和交流-交往智能等其他智能存在内在关联。因为很多我们不自觉发泄的情绪，都要通过身体才能表达。所以请认真听一句劝，照顾好自己的身体，然后从娃娃抓起，促进身心协调发展！

自然观察智能

这一智能反映了人与自然——即与动植物界保持感知的能力，以及认识尊重自然、了解生态系统、愿意与大自然保持和谐共处、珍爱自然、保护自然的能力。生物学家、植物学家、生态学家、海洋学家、动物学家、探险家、猎人、渔夫以及厨师等这类特别关注自然环境、热衷灌园鬻蔬、喜欢照顾动植物的人，在这方面的能力也会过于常人。通常来说，世居某地的人由于和周遭环境的精神纽带更为紧密，因而自然智能也会相对发达。其实，无论年龄几何，亲近绿色都对大脑十分有利。在大自然中尽情徜徉，能畅快地呼吸新鲜空气、排解日积月累的焦虑、逃离城市的喧嚣、还能让孩子和我们都重新元气满满。好处之多，真是千金不换！

大家知道，相当多符合霍华德·加德纳这套分类标准的人都游离于言语-语言智能和逻辑-数理智能两大支柱统一的江湖之外。神经科学界已通过功能性磁共振成像技术（fMRI，用以研究大脑的功能）以及磁共振扩散加权成像技术（Diffusion MRI，用以研究大脑不同区域的联结度）研究发现，神经元在某些思想和行动方面具有极其出色的行动力和灵活性。放眼未来，日新月异的人工智能技术将在以计算、判断、分析等能力为基础的单一任务上持续赶超人类，鉴于此，人类的独特性和特殊价值必将通过不同智能结构无与伦比的丰富性以及各智能间不断整合产出新创意、新感觉的能力加以体现。而这些都是人工智能算法（目前还）无法实现的！

有一说一，尽管目前许多促进孩子多元智能发展的方法及手段已纷纷问世，但如何在这一领域更进一步，更好地帮助孩子健康成长，依然是我们的教育系统今后将面临的最大挑战。而当下最重要的任务就是，要让这一崭新的教育方式惠及每个孩子，让“个性化教学”飞入寻常百姓家，而不再是某个社会阶层的专利。希望能促进“神经元教学法”的发展，让其能满足每个孩子的个性化需求，促进所有孩子健康成长。

太好了，孩子们，幸好你们不（那么）聪明

从根本上认识努力

再来看看那个咱们喜爱的重组小家庭，这回要带着一个关于儿童教育的基本知识点。斯坦福大学社会心理学教授、美国心理学家卡罗尔·德韦克（Carol S. Dweck）通过大量研究发现了一个伟大的现象，即鼓励孩子应该通过给定的任务和劳动，而非通过他们的智力或天赋。德韦克教授在其撰写的《思维模式：全新的成功心理学》一书中详细叙述了下面这项实验：第一步，她挑选了400多名美国大学生，组织他们进行测验。第一场测验内容十分简单，所有人都取得了出色的成绩。然后德韦克教授将学生分成了人数和成绩水平相同的两组。她分别对两组同学进行鼓励，第一组主要强调他们的聪明才智，第二组则着重强调他们的后天努力。实验第二步，她让两组同学进行选择，要么进行一场难度更高的测验（这是一个学习和进步的好机会），要么再进行一场难度和第一次相同的测验。第一个巨大意外："强调聪明组"仅有33%的学生选择进行难度更高的测验，而"强调努力组"竟有92%的学生选择挑战自己！原因其实很简单，"强调聪明组"的同学害怕失败，害怕伤了老师的心，进而害怕影响老师对自己的评价，影响自己"聪明孩子"的地位，因而拒绝面对困难；"强调努力组"的同学们则正好相反，他们视第二场更难的测验为一次新的挑战，自己能在这次挑战中找到新的动力源泉！实验第三步，这次德韦克教授给全体同学准备了一场难度超出他们能力范围的测验。那些所谓"聪明"的同学在测验开始几分钟后就开始垂头丧气，很多人最后都放弃了

测试，然而所谓“努力”的同学则纷纷将此次测验视为一次挑战，充分享受这一过程。实验第四步即最后一步，德韦克教授给大家准备了一场终极测验，这场测验很简单，难度与首场测验相同。意外再度出现，相较于第一次测验的成绩，“强调聪明组”同学的平均分直降20%，而“强调努力组”则猛升了30%！惊不惊喜，意不意外？

这项研究为何有趣？因为它揭示了一点，既然认可和鼓励已被认作是促进儿童健康成长的主要因素，则应重点鼓励孩子的后天努力，而非先天的智力。因为前者可以激发孩子比学赶超的意识，调动大脑奖赏通路，从而超越自己认知的局限。而后者却是将孩子架在火上烤，他们迟早会因为害怕让大家失望，刺激了大脑中的恐惧通路，从而遭受失败。正如卡罗尔·德韦克教授所说：“只有相信自己的基本能力是可以通过后天努力经营而获得提高的，才能拥有发展的思维模式。尽管千人千面各不相同（天赋资质、兴趣爱好、脾气秉性），但每个人都可以通过劳动和奋斗完成蜕变和自我提升”。想必你也看出来了，这一全新的儿童成功心理学实则反映了神经可塑性的基本概念：在大脑中，没有什么东西是一成不变的。这里必须一再强调的是，我们并非将人简单归类，把人一刀切地分为天生聪明型和后天努力型，因为准确地说，后天努力其实是把我们变得更加聪明。比利时歌手雅克·布雷尔（Jacques Brel）当年就强势总结过：“天赋，不存在的。所谓天赋，就是想做一些事的愿望。一个人的深浅需由他不循规蹈矩的部分衡量：有志、尝试、失败，然后获得成功……我相信，拥有想要实现梦想的愿望，就是天赋。剩下的，就要靠流汗，靠吃苦，靠自律。”①

① 雅克·布雷尔（Jacques Brel，1929-1978），比利时歌手、作曲家、演员。本段文字摘自布雷尔1971年的电台采访。——译者注

孩子们，你们是否会走进“成长”的套路

卡罗尔·德韦克教授进行研究的一大目的，是要激励孩子走出他们的局限性思维。有些孩子的思维很可怕，整天觉得“管他呢，我就这样了”“我就是个数学渣渣”“语文，我不行的”诸如此类。德韦克教授要把他们转变为持续发展，不断学习、劳动、进步的正能量少年。我们一定要严肃对待这个问题，这其实是一种让人生发生天翻地覆变化的、根源性的思维模式转变。你家孩子从此不会再纠结一时成败得失，而会运用自己的能力在成败中吸取教训，最后在一种持续的不可思议的轻松氛围中获得成长，达成自我完善。没有任何东西可以一言定性，没有任何东西会一成不变，孩子也不再是一无是处，他们一切皆有可能，这是一个充满希望的消息！从此以后，再遇失败，那就是一个全新的范畴，少其不行，非君不可，因为失败自然会刺激你转变工作方式，继而柳暗花明找到成功的路径。这就是为什么要促进孩子思维灵活性的关键所在。故而归根到底，无论孩子还是我们成年人，一定要摒弃觉得自己“我是天才”或“天生失败者”的想法，做一个灵活的、勇敢的、对一切充满好奇心的学习者。不妨让我们学习2岁时候的自己，那时每天都在不断吸收新知识，每天都在不停地塑造自己……

但让自己拥有成长型思维模式并非易事，对孩子而言亦是如此。此时，周围人扮演的角色也就至关重要了。从卡罗尔·德韦克教授的研究中，我们能总结出五点，可以帮助孩子更顺利地成长为知识海洋里勇敢无畏的探索者：

1 • 由衷地赞赏孩子取得的每一个进步。这点说明，我们需要跳脱出传统不合时宜、不留情面、不讲道理的评判（成天对孩子说“你就是这样的，你就是那样的”），而是以发展的眼光评价孩子，肯定他们成长的能力。

2 • 持续地鼓励孩子提出的想法和取得的成果，而非仅凭对其智力或猜测或实际的判断。

3 • 给孩子及时、准确、详尽的回馈，让孩子能从当下获取最确切的评价，知来者之可追；或者反过来，也可以在第一时间用最简单的理由挽回孩子的尊严，比如可以问孩子：你从这件事情中学到了什么？下次再遇到这样的事情要怎么避免？要怎么做才能弥补自己的错误？

4 • 设定一些可达到、可实现的目标（然后根据取得的结果适时加以调整），不能总想着一下子碾压其他小朋友，而应该循序渐进稳扎稳打。但孩子能做到这点的前提必须是，能从家长身上感受到无条件的支持和无时无刻的慈爱，家长无论如何都不要说“这该如何如何、那该如何如何”，更忌讳张口闭口“这不行、那不行”。但慈爱也从来不意味着卑微迁就，它需要时刻与严格要求相辅相成。也就是说，作为家长，你必须爱之深，管之严。

5 • 跳脱监视管教的传统逻辑，让孩子依照自己的节奏进步成长（孩子成长的节奏和时间节点与成年人很不同，别总是盯着孩子，这也是缺乏信任的表现）。

高潜能儿童

天才、早慧、潜力无穷……形容这群智力高于常人的孩子的词汇可谓丰富至极。不仅如此，我们这个成绩为王的社会还十分钟爱这群所谓“高潜能”儿童。但说实话，这群孩子中相当一部分都名不副实，尤其是有部分家长喜欢炒人设，或利用孩子曾经的挫败反衬日后学习的成功。况且身处当今这个既自恋又充满竞争的社会之中，但凡与智力相关，只要涉及自家孩子，家长们必定有失偏颇。故而大家都懂的，最后结果也和评判智力高低的初衷相去甚远了。那么，谁才是真正的“高潜能”儿童？他们和其他孩子有什么区别？我们都期待着答案揭晓……

大脑发达的孩子

智商的正常范围介于85～110。但高潜能儿童的智商一般都在130以上。高潜能儿童都有一定的共性（如极度敏锐、具备快速处理信息的能力、超强控制力等），但也因性格特点和表达方式不同而充满其个人特色。比如，有些人天生充满奇思妙想，抽象思维能力十分突出；而另一些人则十分擅长表达，拥有语言天赋，或行动力满分。从神经科学角度看，首先高潜能儿童的大脑与普通儿童的发育方式不尽相同。前者的大脑皮层——即由灰质（神经元的细胞体）构成的大脑外层，其增厚时间相较其他孩子会更长。当然，大脑皮层的厚度与多种因素有关，如神经元数量和突触（神经元之间的联系）数量、神经胶质细胞数量（对神经元起支持作用的细胞）以及神经轴突（神经元突起部分）外侧髓鞘分布情况等。大脑皮层相对更长的发育时间使天才儿童能学得更多、学得更快。不止于此，相比其他孩子，天才儿童连接大脑不同区域的神经纤维束（学名为“脑白质”）也更为发达，尤其是左右大脑半球间的胼胝体区域是普通孩子望尘莫及的。他们大脑各个部分的连接性均优于常人，所以，称这些孩子“大脑发达”也并非不妥。

“层型”与“复合型”

高潜能儿童分为两类，即“层型”和“复合型”，二者大脑的特殊性决定了这两类孩子虽同为高潜能儿童，在学业上的表现却有着天壤之别（有些孩子在学习中遭受挫败，另一些却能毫不费力地名列前茅，获得“非常好”的成绩）。

“层型”儿童凭借认知、人际关系、情感表达和应变智能的均衡发展，而在同龄人中表现得智力超群、出类拔萃。功能性磁共振成像技术和磁共振扩散加权成像技术已证明，这类孩子大脑活动十分多元，大脑信息传递也非常迅速，其左右脑间的信息传递尤其快速。这群孩子便是人们常说的天才儿童，他们能在自己涉足的每个领域获得成功。生活对“层型”儿童而言太过轻松从容，他们唯一的困扰是如何根据实际情况收敛自己惊人的能力。

“复合型”儿童则因为认知智能及其情感/人际智能发展的不同步，呈现出异样的高智能。他们在某些领域十分强悍，但在另一些领域尤其是涉及情感控制的领域则手足无措。功能性磁共振成像技术和磁共振扩散加权成像技术也已清楚地证明了这点，此类儿童左脑活动十分活跃，然而左右半脑间的信息传递却相形见绌，背外侧前额叶皮层的活动同样乏善可陈。由此带来的结果就是，他们的认知能力与集中能力和/或情感及心理成熟度之间出现了惊人的断层，其通常表现为过度活跃、过度敏感、过分焦虑，有些孩子甚至会患上躁狂症。

发散思维与趋同思维

高潜能儿童智能的独特性使其难以仅用智商测试来衡量。比如，能给出超越常规的答案，或就既定情况给出极具创造力的解决方式，是这类孩子最广为人知的特点之一。由此我们引入“发散思维”这一概念，其极大区别于传统教育体系专属的、更强调方法论和序列性的“趋同思维”。“发散思维”作为不同的问题认知方式，可以很好地解释部分高潜能儿童在学业中遇到困难的原因：这类孩子解题时的思路和其他孩子完全不一样。

贴心鼓励的重要性

对高潜能孩子而言，关键在于能够在这个过于程式化的世界中找到适合自己的精确位置。早熟的孩子在成长路上经常遇到很多困境，比如，他们会为了迎合家长或老师的要求而置个人兴趣和天赋才华于不顾。此类情况对他们而言可谓“自愿泯然众人”，这样做的后果就是，由于孩子不断否定自身的独特性，最终只会感到全方位的沮丧。其实，即便是高潜能儿童也需要自由、需要信任、需要大量的自主空间才能展现最好的自己，也才能做一个优秀的孩子，假以时日成为一个优秀的成人！他们可能遇到的另一个困难在于，这类孩子普遍都学得太快，好奇心又强，有着无穷无尽的求知欲望，这会很快造成家庭内部诸多问题（比如来自其他兄弟姐妹的嫉妒，经常顶撞父母、长辈发生冲突，缺少来自家庭的鼓励等）。

高潜能儿童的福音：神经教育学万岁

“高潜能儿童的思维很快，这使他们给出的答案带有直觉的一面。”里昂第一大学教师奥力维耶·雷沃尔（Olivier Revol）曾如此写道，他同时也是法国布龙精神卫生医院儿童精神科主任。雷沃尔在文中还写道：“他们依靠片段式的记忆，将眼前事物与自己曾经经历的事物进行比较和关联。他们神经系统面积更大，大脑皮层的活跃面积毫无疑问也更大，我们称此为树形思维。”高潜能儿童也被法国国民教育部列为需要制定个性化对策的学习困难群体。而以神经科学理论为指导，旨在帮助孩子学习，并根据孩子认知能力量身定制教学方案的神经教育学，显然来得恰到好处，它承担起了帮助身陷传统教育模式的高潜能儿童的任务。

儿童心理韧性之谜

在直面生命的消逝和脆弱之后，玛依的心理用鲍里斯·西瑞尼克的表述再精准不过了——她过早地活在了自己的过去。一切都不复以往，飞来的横祸在她生命中画出了一个新的起点，在第一时间这无疑是最糟糕的，但也可能会因为她日后迸发出的心理韧性而变成一件最好的事。但有一点是确定的：从今往后，她必须带着这份已融入生命的、成为往后余生一部分的特殊经历生活下去。

从最坏的角度看，这类孩子的情感、思维和处事态度往往多变而复杂，从表面看通常还充满矛盾，令外人很难看懂。心理韧性强的儿童会营造一个隐秘的世界，在那里他们试图把情感倾注给一个不真实的幻境，并竭力寻找一种强烈的理解和认同，并从中寻回自己的力量。这些孩子一方面极度敏感，但同时又非常自傲。他们不能向外界流露一丝脆弱、暴露一寸软肋。他们会躲起来流泪。为了永远立于不败之地，他们会使出必杀技：占地为王！他们从不会如众人期待的那样仿佛一切从未发生，也不会糟糕到觉得了无生趣。这些充满心理韧性的孩子很早便学会了如何时时刻刻控制自己、如何抢占先机、如何掌控一切……从短期看，这是一套强有力的生存机制，但从长远看，却会演变成一种真正的缺陷，让他们难以停下自己的脚步，也难以融入身边的圈子。无论这群孩子多么努力地在舞会上娱乐着、消遣着，或是努力地回避着真正的问题，但他们其实永远坚守在自己的内心深处。

简要来讲，这类群体一般有两条出路：要么一蹶不振，用鲍里斯·西瑞尼克的话说是开启“受害人生涯”；要么化悲痛为力量，和逆境战斗，向命运挑战。心理具有韧性的人面对死亡或疾病不会惊愕，但会把这些不期而至的不速之客并入自己的生命。从此，他们赋予这些生老病死以形状，成为他们重振自己最坚实的基础。所以，小玛侬也要为自己描绘一幅只属于她自己的成长蓝图。心理韧性强的孩子不是超级英雄，他们只是在人生逆风时，学着如何开启生活继续的程序。当然，这一切有个必不可少的前提：他们能制定出一套应对逆风的策略，并尽快落实到行动。一个心理韧性强的人如果没有目标，那无异于赤身裸体、赤手空拳。所以，小玛侬那令人惊讶的成熟需要从她行为的点点滴滴中去理解，尤其通过她小时候的举动，去研究她最隐秘、最深层的想法。因为年复一年，随着她逐渐长大，这些想法会在她少年时期继而在她成年后一一实现。倘若命运决定给予你以宽赦，那你最终就能得偿所愿，并以坚韧者的身份对那些已不在世的人说你取得了成功，说你活出了价值，说你努力做了一个有用的人。为了你自己也为了其他人。这一切对小玛依而言都是未来人生的挑战，一项复杂的、艰难的、充满刺激的挑战。

心理韧性的成因涉及先天基因、人生变故、家庭社会或文化环境等因素，从科学角度看，还有很多方面处于迷雾中，复杂难解。也许玛依面对逆境时表现出的令人惊叹的能力，从一定程度上可以用先天优势来解释，但也可以从她生命头七年被身边人的智慧和爱紧紧包围（即依恋理论）的悠游岁月来解释。就是那段日子为她打下并夯实了情感基础，同时还埋下了认知的潜能，让她在困难的日子里可以取之不竭。

玛依的未来该是如何？这个问题很难回答。但有一事是明确的，她的未来会很特别，而且很有可能另辟蹊径。心理韧性强者通常都希望将一生过得如同一部小说，虽然有时从外人看来险象环生，但在内心深处，他们清楚知道对自己而言最糟糕的风险乃是没遇到任何风险。他们用自己专属的天赋和神秘，将充满理性的利他精神和充满功利的自私主义完美地糅合在一起，书写着属于他们自己的人生故事。他们想雁过留声，想成为有用的人，想在一息尚存之际对自己说，“一切都没有白费”。让我们铭记加缪的这句话，其完美诠释了这群人跌宕起伏的一生：“特立独行不是件好事，也不是件坏事。这表明了你完全有勇气做你自己。”这条令人讶异的、前所未见的道路正等待着小玛依，在开始阶段饱尝孤独，但随之就是接受这份孤独，甚至深入探索这份孤独。

心理韧性强者每当身处逆境，就会迸发出一种全方位的智能，而且永远能将诸如分析能力、情感能力、人际交往能力和适应能力等各类要素集于一身。简直是一群大脑的变色龙！

经医学影像证实，这类大脑全方位的活跃必然还伴随着大脑负责认知和情感部分的额叶–边缘系统的极度活跃，以及左右脑半球间的强大联系（这一假设有待进一步证实）。但有一事已然明了：心理韧性强者都是不知疲倦的探索者，也是永不止步的学习者，探索和学习每日都滋养着、充实着他们与生俱来的神经可塑性。这种对探索他人、探索真理的迫切渴望，这种充满灵感、充满行动力的强大动力，赋予了这类人特立独行的性格特点。生活向他们张开了双臂！

心理医生眼中的孩子

在老辈人眼里，心理疾病乃洪水猛兽，但时至今日在精神卫生专家看来，即便儿童和青少年心理治疗目前还缺乏详细的数据，但该领域在近些年已然取得了长足进步。在一份由法国儿童与青少年精神病学教授玛丽-罗斯·莫罗（Marie-Rose Moro）和法兰西学会督导让-路易·布里松（Jean-Louis Brison）联合撰写《青少年卫生与健康的任务》中，两位作者指出，2015年在全法所有精神卫生专业机构开展的心理咨询中，四分之一来访者为未成年人，该结果显示青少年心理健康干预绝不可等闲视之。在咨询动机中，位列第一的是儿童或青少年在校园遭遇的困难，如学业困难、与其他同学和老师相处中遇到困难。

过度“心理问题化”

时代的发展显然没忘了关注大家的情绪，而问题关键则是要试图寻找原因：当今社会对我们的孩子是否比以往更苛刻？这一代父母是否比他们的父母对自己孩子的未来更焦虑？我们是否集体陷入了让孩子过度受害的路线？外界不惜一切代价向我们撸着袖子贩卖的幸福学和成功学（即快乐至上主义）是否已变成了一种独裁，让我们和我们的孩子从一开始便陷入极度不安？很多精神卫生专家正在不断对一种社会发展状况发出警告，事实上这一状况的确也暴露了许多令人担忧的信号：不断滋长的自恋情绪、父母过度的望子成龙、面对沮丧的不堪一击、越发加深的恐惧心理、“黑医”冒充儿童精神病医生的误人子弟……诸如此类好似鸡尾酒般层层叠叠不断累加，让广大父母对自己、对孩子的未来不断滋生出焦虑、紧张情绪。这个时代的另一大问题是，我们这一代人从未发自内心地意识到身边有多少天才，又有多少高潜能儿童！在无休无止追逐成绩、追逐完美表现的道路上，越来越多的家长为了求个心安，或纯粹为了炫耀和自恋，纷纷认定自己的孩子拥有超乎常人的能力。

什么时候带孩子进行心理咨询

如何将一个稍显激动的正常孩子和真正显现出病理特点的孩子加以区分，实非易事！在此我们必须回顾历史，从20世纪50年代起，整个法国就开始高度重视儿童心理健康状况。种种迹象也给出了若干珍贵的线索。第一条，儿童行为障碍、精神疾病和间歇性沮丧发病率显著提高。第二条，病情持续时间，若孩子已出现一两个月持续性的睡眠障碍，便是必须加以重视的警报。当然，最基本的问题是必须对长期性的病症、临时性的症状（临时性症状如“开学综合征”，这只是孩子度过一个长假期后回到学校上课，要面对自己不喜欢的老师一问三不知，他没有心理准备而已）以及由于心理或精神问题引起的更严重的身体损伤加以区分。由此可见，对儿童心理问题必须防微杜渐，带孩子咨询心理医生十分必要，专业心理咨询能清楚地甄别真正的心理疾病或对模棱两可的情况进行判断。但是，即便是心理医生也无法完全代替家长在孩子成长教育中承担的角色：倾听、信任、尊重、陪伴、关心、以身作则……心理医生不是魔法师，而有心理问题的孩子也不是烫手山芋，需要所有人关注。

带孩子去哪里咨询

上医院看医生从来都是件兴师动众的事，更何况涉及心理健康问题。求助心理医生必然是经过深思熟虑之后的重大决定。然而我们也发现，即便是在有心理疾病患儿的家庭中，家长对心理医生的不同专业门类也相当无知，将之一股脑儿地笼统归于“心理医生”这个称谓中。事实上，每位心理医生都有自己的专业方向，很大程度上决定了其各自的诊疗范围。一位“弗洛伊德疗法医生”可能会有阅读和行为量表，行为疗法医生则不然。所以对家长而言，带孩子就医前有必要充分了解心理卫生领域的专业划分，并咨询相关意见，而不是带着孩子直奔大街上看到的任何一家心理诊所。

在儿童和青少年心理卫生领域，法国划分了四个专业方向。

临床心理医生

临床心理学主要研究人类行为及其心理功能。该科医生为存在心理疾病或情绪困扰的人提供咨询服务。在法国，临床心理医生不同于内科医生，需毕业于心理学专业（法国政府认证的心理学硕士），可自行开设诊所或供职于各类专业机构。咨询时，临床心理医生会与来访的孩子进行交谈（通常还有家长陪同在侧），并对孩子进行一系列性格测试，以确定治疗方案。之后，医生会帮助孩子通过心理建设来解决情绪问题，若在治疗过程中发现孩子疑似患有更严重的精神疾病，他们会将孩子转至其他专业科室进行进一步治疗。

心理治疗师

心理治疗师，在希腊语中意为“灵魂看护”，主治各类心理困扰、社交困扰和精神身体困扰等，其治疗手段多样，例如有认知行为疗法（CBT）、艾瑞克森催眠疗法、NLP简快心理疗法、相互作用分析法、眼动脱敏再处理法（EMDR）、艺术疗法等。根据法国2010年5月22日颁布的法律规定，临床精神病理学专业硕士毕业且在专业医疗机构实习通过后方可获得心理治疗师资格证。持证者需登记成为法国国家注册心理治疗师。

精神分析师

精神分析这一专业分支承自弗洛伊德创立的临床心理学一脉。精神分析师会客观、耐心地倾听患者自由倾诉，并处理这些言语中意识和潜意识的关联。但由于精神分析师没有国家的认证，在法国也没有大学开设相关课程，因而若想成为精神分析师，必须通过个人多年奋斗，跟随精神分析学的某一流派进行理论学习和实操训练，需在导师的监督下完成起始阶段的临床实践。精神分析流派纷呈，各派中最负盛名的代表人物有弗洛伊德、荣格、拉康、多尔多等。

儿童精神科医生

儿童精神科医生属于内科医生范畴，专业分流后专注于儿童心理健康和精神病研究。他们也是四类心理医生中唯一拥有开药权的。儿童精神科医生能治疗较严重的心理疾病，如精神变态、精神分裂症、躁狂抑郁症等。同时，儿童精神科医生也拥有建议患者在专业精神治疗场所住院治疗的权利。若怀疑患儿的行为可能造成危险，甚至可以强制患儿住院。如果儿童精神科医生还修过心理治疗课程，能同时兼任心理治疗师。

帮助孩子更好地体验情绪的五条建议

陪伴一名情绪不稳的孩子绝非易事，尤其当这孩子还是亲生骨肉时。不要问有什么办法，要是能有什么神仙妙法，问题早就解决了。每个孩子都是独一无二的，都有自己的人生道路和家庭背景，有自己的性格，有自己的人生经历和体验，这就让问题变得异常复杂。为什么一母同胞、成长环境相似的两个孩子，在面对家庭变故时的反应截然相反，为什么他们此后的人生道路天壤之别？这些问题迷雾重重，无论是精神分析学还是心理学，抑或是神经科学，至今都无法破解。这点我们必须放低姿态、老老实实地承认。

当然，这不意味着我们对这个问题只能望洋兴叹，或者一切听天由命。在此，有五条来自神经心理学前沿研究成果的实用建议，希望能帮助你更好地呵护家中情绪不稳的孩子。出于篇幅和文章可读性考虑，我们将所有要点浓缩于五条建议中。如果你想对该领域有进一步了解，强烈推荐卡特琳娜·葛甘（Catherine Gueguen）博士撰写的其他出色的研究成果。

1. 务必保持充足耐心

愤怒、沮丧、悲伤等在幼儿阶段较罕见的情绪，都反映出他们缺乏自主调节自身情绪的能力。人体负责情绪调控的大脑前额叶部分的生长发育贯穿整个儿童青少年时期。打个比方，好比你家孩子在出生时情绪方面只装了油门，没装刹车，使得孩子的情绪容易冲动，不太稳定。基于此，成年人就需要扮演“刹车”的角色，帮助孩子逐步成长成熟，而非任由他们把自己封闭在负面情绪的死胡同中作茧自缚。但这个角色需要成年人具备强大的理解力，甚至有时候需要拥有无限的耐心。的确很难，但无可奈何，只此一径别无他途。大人任何不耐烦的表现或者暴力的言辞动作都只会火上浇油，只会阻碍孩子大脑的正常发育，若暴力反复出现或长期延续，甚至会让孩子的病情持续恶化无法挽回。

2. 呼吸/冥想控制情绪

简单的呼吸练习，如后文会提到的心脏操和冥想练习，对孩子情绪控制方面的作用毋庸赘言。20多年来，市面上神经科学类的作品已多如牛毛，这些练习的作用也已家喻户晓。但是纸上得来终觉浅，若想取得效果，这些简单易行无须破费的练习还是需要每日践行！不过请放心，几分钟足矣。学会如何更好地呼吸并非可有可无，也不是某个人想出的旁门左道，这是一堂事关心理健康的必修课，对孩子如此，对大人亦然。

3. 理解和接纳

负面情绪是长期无意识累积的后果，换言之，它们会毫无征兆地将我们吞没。由此，必须让孩子能够用言语表达自身的情绪状态，使之重回有意识的正轨，比如可以让孩子说说“觉得自己有怎样的负面情绪”“是生气吗”“是沮丧吗”“是悲伤吗”“是嫉妒吗”等。让孩子能有意识地理解自己的情绪，从而帮助他们克制自己几乎转瞬而起的冲动脾气，也为接下来接纳自己打下坚实的基础。神经科学研究早已揭示，逃避自己的情绪有百害而无一利，甚至可能让孩子不明不白地陷入自我封闭。哭泣时的眼泪可以帮助孩子排出导致焦虑的激素，从而使他们在经历巨大的悲伤后能重归平和。同样，表达自己的愤怒也可以帮助孩子调动情绪，找到问题的解决方式，防止愤怒情绪将自身吞没。总而言之，家长和老师陪伴的意义和责任也在于此，我们需要鼓励孩子更加细致、更加深入地认识和了解自己。

4. 积极思维

无论过去还是现在，积极思维和理性思维都让广大家长和心理健康专业人士困惑不已，但是神经科学领域的许多研究都已证明这些方法具有积极效用。比如最简单的一招就是，让孩子在每晚睡前都在本子上手写今天发生的三件幸福的小事，这一举动会对孩子夜间睡眠期间的大脑图谱产生影响。而今，我们生活的世界早已不再是天真烂漫的童话世界，而是充满了新的神经心理学前沿研究，还有来自全球各大研究中心的众多该领域研究成果。当今学界，积极思维对重塑大脑的巨大作用已无可争辩，对拥有超强神经可塑性的儿童而言，这一方法更是事半功倍。不过要让该方法真正发挥效用，离不开每日训练，坚持日常向孩子灌输积极的事物和理念，如一次失败并非灾难，而是通往成功道路的必经之路；一次没考好应当是奋起直追的学习契机……没有人生下来就是不怕苦难的乐观主义者，他们只是通过控制和自律，让自己向阳而生。对此，孩子身边的亲朋好友（父母、亲戚、朋友、老师）的榜样力量至关重要，尤其在共情作用影响下（镜像神经元参与其中）。有一点要谨记，孩子能够通过无意识地模仿学习一切！

5. 时空暂离

还有一个调整情绪的有效方法就是让身体或精神暂离负面情绪。若孩子正面临重重困难无法自拔，那么带他们暂时离开自己身处的环境，让他们畅所欲言，不失为一条有效途径。这一办法能让孩子获得喘息时间，能让他们重新开动脑筋回过头来审视自身处境，也许他们就能够（重新）学会积极应对自己的问题（对问题进行比较以及积极的阐释）。在一个充满自恋的网络世界中教孩子暂离自己的情绪，不失为帮助他们重塑自我的最好办法，同时也是帮助孩子构建自身判断能力的最佳办法。在这一过程中，孩子锻炼出的应变能力、人际智能和自我认知智能都将使他受益终生！

世界各校的心脏操

心脏操是一套控制呼吸的练习，动作步骤简单易行，适合各个年龄段的孩子，可强化心脏和大脑功能的协同作用。通过控制呼吸，儿童（成年人亦然）能学会如何控制过度波动的心率，进一步达到控制情绪的目的。

心脏操的好处不胜枚举，且在神经科学领域已得到验证。例如：

- 缓解焦虑（降低皮质醇水平）；
- 增强学习能力和记忆能力（通过增强大脑海马体神经元密度）；
- 增强身体舒适感和积极性；
- 提高人体免疫力；
- 增加多巴胺、5-羟色胺和DHEA分泌水平；
- 调整脑电波水平。

心脏操是一套简单易行，且完全免费的健康操，经过四五周的练习即可获益，因此无论对大人还是孩子而言，都是一套不可多得的健身操。心脏操的宗旨很简单，即更好地控制心跳，继而通过自主神经系统起到锻炼大脑的目的（通过副交感神经系统使大脑恢复平静）。

心脏操怎么做

心脏操的最佳做法是保持每分钟6个呼吸周期，即六次吸气六次呼气。这套俗称“三六五”法的练习效果已得到学界证明，对身体大有裨益。具体方法如下：

- 运用腹式呼吸法，用鼻子吸气5秒；
- 随后用口吐气，同样持续5秒（不要中断，也不要强行吐气）；
- 重复以上动作，持续5分钟。每日练习3次，分别是清晨醒来后，中午和傍晚。其“三六五”之名便来自于此：每日3次，每分钟6个呼吸周期，持续5分钟。

世界各地的有效实践

心脏操，从操作上看简单易学，从效果上看，对孩子大脑的神经发育有着良好效果，因而在世界各地的许多学校均有实践。在各地频频反馈的好消息中，有些反映心脏操能提升学生注意力和学习能力，有些反映能降低学生或师生间的紧张关系，甚至还有反映心脏操能有效提高学习成绩。

分享一个有趣的知识，在法国，很多年前我们就已经用心脏操来训练战斗机飞行员，帮助他们管理自己的焦虑情绪，这本就是对心脏操效果和价值的有力证明与极大肯定。各位乍一听可能会觉得，这套练习对战斗机飞行员也许至关重要，对咱们的孩子可不一定。我们必须修正这种偏见，将心脏操引入法国的大小学校，让每个孩子，包括老师、家长和全社会的人都能拥有全面的健康人生。

12:00

中午食堂有什么好吃的

给孩子大脑充足营养

亚历山大和玛侬兄妹俩在饮食方面简直没半分相似之处：亚历山大能顿顿吃汉堡薯条，但也懂得欣赏珍馐美味；玛侬则完全相反，她极度挑剔，对美食毫无兴趣，但看她每顿只吃意面比萨或火腿馅饼也毫无任何厌烦情绪。一个对美食没有半分热爱的人要想在这个社会生存绝非易事，更何况还是在法国这样把饮食奉为至上文化的国度！皮埃尔作为父亲也尝试了各种办法，想唤醒玛侬对饮食的兴趣，但也徒劳无获。玛侬什么都不爱！不过一定要为小玛侬辩解一下，如果你在她家灶台后面观察几小时，就会发现无论皮埃尔还是阿萨都不会去饮一杯下午茶，至于亲妈弗洛伦丝就更少了，她对任何与饮食沾点边的东西都形同陌路。所以，从父母是最好的老师这个角度看，就能理解玛侬的行为反应了。

皮埃尔的戏剧性就在于，他是喜好吃喝的，但仅限于在餐厅、在别人家或在单位食堂。至于“住家饭”就完全是另一回事了，餐桌上凑合地摆着几片沙拉菜叶，他自己在一边夸夸其谈沙拉的好处，说什么只有自己动手才能吃饱喝足，言语之间还不乏炫耀。平日里就和父亲形影不离的亚历山大，和他父亲的饮食习惯也相当接近。父子俩只有一个例外，还差别挺大，就是快餐！其实皮埃尔并不排斥偶尔吃一顿快餐，但他想不通亚历山大怎么能够每星期吃那么多次，好像对身体也没造成什么大问题。这里必须说明，这么吃的话皮埃尔自己的胃先受不了了，所以他对这种食品深恶痛绝。

玛侬早就明白，困难重重的吃饭问题将会成为她人际交往的一个重大阻碍。每次只要受邀去别人家做客或跟学校去郊游，她首先面临的、也是最重要的一个困扰就是，想知道那里有什么是自己可以吃的。作为一名典型的具有强心理韧性的孩子，她的高傲让她不希望自己引起他人关注，她害怕因为自己面前盘子里的菜一口没动而被别人当众抓住把柄。唯一的解决办法就是，她自己事先安排好一切，让全局尽在掌控。因此，无论是在小伙伴家做客还是去别处，每次都由她用各种各样的方法负责敲定菜单。但每次只要爸爸皮埃尔带她下馆子，小玛侬都会让服务员省心不已，她只点玛格丽特比萨和冰茶套餐。

至于纳坦，曾经贪婪地吮吸着阿萨甘美的乳汁，极其幸福地享受了好几个月米其林三星级“住家饭”。但纳坦的沮丧也来得过于残酷，有一天妈妈阿萨不喂了，她决定停止这项“私密级服务”。于是纳坦突然变得整天哼哼唧唧，还特别爱发小脾气。大人们都挺能理解他，但别无选择，只能把小纳坦的兴趣点往其他不那么吸引人的食物上引。

在皮埃尔和他的小家中，一饮一啄绝非一件容易的事，众口难调，这点皮埃尔自己心里也清楚。唯一的利好消息是，他家三个孩子身体都很健康，按他们各自年龄段的体重指标看也一切正常。皮埃尔在这个问题上是清醒的，甚至有那么点忍让，他没再大肆吹嘘，只是安于现状。

幸福的大脑就是一颗营养充足的大脑

随着学界对饮食与大脑功能的关系这一充满魅力的课题的研究越发深入，科学家们越来越惊喜地发现，我们的一饮一啄会对大脑功能产生直接影响。肠道，这一拥有数以亿计神经元的第二大脑也不再是个传说！试举一例，我们长期以来都认为，若大脑功能不良会导致肠道运行不畅，这点千真万确。实际上，把这个结论倒推也同样成立，这就令人非常震惊了——若食用了腐坏变质的食物，肠道菌群也会腐坏变质，从而影响大脑的正常运行。尤其对于大脑正处于生长发育旺盛期的儿童而言更是如此（在此还要特别注意，人类肠道—大脑的互动从怀孕初期就已经开始了）。

众所周知，注重饮食对身体生长非常重要，但鲜为人知的是，其对大脑发育同样如此。再举一例，负责制造新神经元的大脑海马体（主管记忆和学习）的生长发育很大程度上取决于我们吃了什么。其中的关联很简单：肠道菌群通过肠道消化吸收的食物制造出细菌种群，继而通过血液循环作用于海马体的干细胞。若这些干细胞营养充足，则能够转化成新的神经元。综上所述，均衡的膳食能有力促进神经生长，而单一的、高脂高糖的饮食则会使肠道菌群成为真正的拦路虎，抑制新神经元的发育，对神经生长造成阻碍。由此可见，大脑—肠道的关系真是至关重要。

仅占人体体积约2%的大脑每天消耗着人体将近20%的能量。因此，大脑真的应该补一补，饮食堪称大脑顺利运行的支柱。

下文我们将列举一系列益脑补脑的食物。当然，食物的选择必须适合孩子的年龄，而且不应逼着孩子每样菜都必须爱吃。逼孩子是没有任何用处的，除非你准备在威吓教育的道路上一条道走到黑。但这是条死路，还会损害孩子的大脑发育，这就和你美好的初衷背道而驰了。当然，给孩子补脑并非必须吃面目可憎的猪血豆腐或鲭鱼。吃什么食物需根据孩子生长发育规律来定，在逐渐帮助孩子养成健康饮食习惯的同时，也无须完全禁止孩子吃一些他们喜欢的美味小零食，尽管后者并不算“神经友好型”食物。换言之，我们必须用理性而不失友好、有时甚至有些迁就的方式教育孩子品尝世间百味。在饮食这个问题上，千万不要有什么清规戒律，饮食和大脑一样，都喜欢快乐和多元！请别让餐桌变成家长和孩子对垒的前线。

在众多益脑补脑的食物中，在此推荐：

新鲜水果蔬菜

番茄、橙子、葡萄柚、甜椒、南瓜、杏、桃、桑葚、覆盆子、草莓、蓝莓、牛油果、胡萝卜等富含β-胡萝卜素的蔬果。β-胡萝卜素是一种天然色素，能转化成具有抗氧化功效的维生素A。因此，这些蔬果能抵御损害人体细胞的有害物质——自由基，同时还能有效抗疲劳、抗焦虑。食用时建议生食，或采取清蒸或锡纸烤等烹饪方式，以最大程度地保留食物的营养价值。

乳制品

牛奶（半脂）、奶酪、酸奶等乳制品中富含的蛋白质及维生素B_2是大脑发育的必需品，而维生素B_{12}则能促进智力发育。

菜籽油、橄榄油、葡萄籽油和核桃油

此类植物油富含单不饱和脂肪酸、ω-3脂肪酸和维生素E，能有效保护大脑，抵御自由基。

低生糖指数食物

全麦谷物、豆类、意大利面、糙米等食物富含复合碳水化合物、B族维生素以及铁、锌等微量元素。

干果坚果

葡萄干、杏干、杏仁、榛子、核桃、腰果等食物富含微量元素如锌、铜等和脂肪，能有效提升学习能力、思考能力，提高记忆力和注意力。同时核桃中还富含ω-3脂肪酸。

高脂鱼类

沙丁鱼、鲭鱼、鲱鱼、金枪鱼、三文鱼等富含ω-3脂肪酸（DHA和EPA），其有助于神经元发育，提高记忆力。

动物内脏

动物肝脏、动物血等食物中富含铁，能提升大脑供氧能力，而铜、叶酸和维生素B_{12}等则能有效提升记忆力和注意力。

蜂蜜

蜂蜜富含镁、钾、铜等，具有抗氧化性。能增强注意力，同时有效抵抗疲劳和焦虑，促进人体健康。

香草

此处特指迷迭香、香芹、百里香、鼠尾草、罗勒等香草植物。其富含的黄酮类物质能促进大脑血液循环，提升注意力和记忆力。

香辛料

姜黄、肉桂、生姜、黑胡椒、大蒜等香辛料具有消炎和抗氧化的作用，有保持大脑健康的功效。此外，部分香辛料还能促进神经生长，提升大脑中多巴胺和5-羟色胺水平。

天然的神经兴奋剂

以下这些食物同样具有益脑补脑的功效，但必须谨慎食用。因为若摄入过多，也会产生负面影响。比如，如果你一整天都在喝咖啡，可想而知，你这天的睡眠就会变得很差。所以，在食用具有神经兴奋作用的食物时，必须合理控制摄入量，还须符合孩子们的生活规律。

- 黑巧克力：黑巧克力富含可可碱和茶碱，具有兴奋和减压的功效。黑巧克力中的可可含量越高（≥70%），功效越强！
- 绿茶：富含儿茶素，具有极强的抗氧化功能。适量饮用绿茶，有助于提振精神，提升注意力和记忆力。

当然，还有许多其他的天然兴奋剂，如咖啡（富含咖啡因）以及盛产于巴西的瓜拉纳（即巴西香可可）等，均能提升兴奋性（其中，瓜拉纳盛行于南美亚马孙流域，具有缓解压力、抵抗疲劳以及刺激神经系统的作用）。再度重申，食用需适量，儿童和青少年的大脑与成年人不同，他们的大脑还没完全发育成熟，不足以消解这些神经兴奋剂，若食用过多，会造成一些无法预见的严重后果。说白了，如果把食用这些神经兴奋类食物对人体的利弊做一比较，15岁少年和40岁成年人的样本数据是完全不同的！

此外，还要注重给孩子的大脑补水——多喝白开水！若大脑缺水，则会造成脑细胞脱水萎缩，进而影响大脑运行。

最后，注意让孩子尽量少吃高脂高糖的食物，这类食物要么多为荤腥（腌腊肉类、奶油、黄油），要么是工业产品（巧克力棒、夹心饼干等），都是人脑记忆力的天敌。儿童青少年是嗜糖如命的，食品加工业对此了如指掌，于是开始往许多产品中疯狂加糖，如番茄酱、食品罐头、火腿、烟熏鲱鱼等，不一而足。这一行径的出现并非偶然，糖对于企业家们而言是一名“理想”的多面手：能提升产品的风味、增加产品的颜色、使产品更易保存，同时还能降低成本。美国作家迈克尔·莫斯（Michael Moss）在其著作①中曾指出，糖、盐和脂肪实乃让我们对食物上瘾的三大毒瘤，他称此三者为“工业的神奇配料”。同时，这位调查研究了全球食品加工业的普利策奖得主也没有忘了如实指出：“三者之中，糖是最难被人体排泄的。”

富养婴儿的大脑

正如法国大脑研究联合会（FRC）在其官网②上指出的那样，婴儿饮食

---

① 迈克尔·莫斯，《盐糖脂：食品巨头是如何操纵我们的》，中信出版社，2015.

② www.frcneurodon.org/comprendre-le-cerveau/a-la-decouverte du-cerveau/lalimentation/

的开端，远在他们出生之前，母亲在孕期的饮食是胎儿发育的重中之重。自1969年起，世界卫生组织和联合国粮农组织就已制定了易匮乏营养列表，其中需重点列出如下两项：

- 铁缺乏和碘缺乏；
- 叶酸缺乏和维生素B_{12}缺乏。

特别要注意的是，与大脑研究联合会的说法一致，神经科学界也早已明确指出“叶酸缺乏对胚胎中枢神经系统的始基——神经管闭合具有显著影响。在法国，提倡从怀孕前一个月至孕早期末，均需补充叶酸”。

法国第一项流行病学研究“伊甸园研究”就跟踪了一批孩子从母胎孕早期末到5岁或更大年龄的发育情况。结果毫无意外地显示，饮食会影响婴幼儿大脑的健康状况。在研究结语中科研人员指出，母乳喂养十分重要，能加快新生儿精神运动发育。母乳喂养时间越长，孩子的认知能力越强。实际上，母乳中含有丰富的ω-3脂肪酸，能促进神经发育，帮助细胞生长，抵抗神经炎症。

注意儿童青少年饮食

依旧是来自大脑研究联合会的提醒，青春期孩子的饮食务必与其生长发育阶段相符。来自法国波尔多神经营养研究组的科研人员曾用一群处于青春期的老鼠进行实验，给其投喂高脂高糖食物直至老鼠肉眼可见发胖，然后科研人员发现这些老鼠的学习能力出现明显滞后。由此可见，高脂高糖对记忆力的影响十分明显：这类饮食结构会引发海马体炎症，继而扰乱该区域工作记忆的正常运转。通过观察老鼠的行为，科研人员还发现其情绪记忆同样受到了影响。诚然，成年老鼠若长期接受高脂高糖饮食也会出现以上状况，但较之青春期老鼠，影响要小得多。所以大脑研究联合会在结论中指出：“我们有理由为在青少年中日益增长的肥胖现象感到担忧。年轻人好像更容易成为高脂高糖食物的受害者。尤其对青春期的孩子而言，饮食更应注重均衡、规律，以防出现肥胖，继而损害身体健康，影响记忆力。”不仅如此，青少年还易患上摄食障碍，如厌食症、贪食症、食欲亢进等。还是与大脑一样，这些饮食行为障碍同样是由先天因素与个人心理状况，以及环境、家庭、社会文化等因素共同造成的。大脑研究联合会在结论的最后还提到，某些神经传递方面的畸形也会导致摄食障碍。

下文中，本着实用至上的原则，将为各位推荐几款益于孩子大脑发育、简单实惠、价廉物美的食谱，大家快点学起来吧！当然，偶尔为孩子做一顿他们钟爱的汉堡薯条餐也无可厚非。在饮食问题上无须太过严格，偶尔为之的薯条餐虽然丢失了营养，你却从中收获了亲子时光的快乐与温馨，所以也就瑕不掩瑜了。总之请记住一点，对大脑而言，苛求完美也会适得其反。无须给自己太大压力，且尽力而为，一切都将十分美好！

米其林三星级“神经友好型”儿童食谱

早餐

鲜榨橙汁

可可奶

面包片配麦片

富含ω-3脂肪酸的脂类食物

香蕉配椰浆

原味酸奶配蜂蜜

燕麦片牛奶香蕉什锦可可碎麦片

午餐/晚餐

前菜

核桃沙拉配菜籽油

番茄配欧芹罗勒

胡萝卜丝配柠檬葡萄干

牛油果虾仁

西柚

鹰嘴豆沙拉佐孜然香菜

甜菜鲜橙柠檬沙拉

油渍沙丁鱼

时令蔬菜汤

西葫芦凉羹佐番茄罗勒

蜜瓜凉汤佐橄榄油煎草莓

柑橘凉汤配薄荷

菠菜果昔–香蕉–杏仁油–菲达芝士蛋糕–甜椒

主菜

锡纸烤迷迭香三文鱼佐西蓝花泥

迷迭香鲭鱼/金枪鱼配糙米饭

深海青口贝配薯条（这不，还有薯条！）

鸡肉佐绿白双色四季豆

法式炒蛋配农场土鸡蛋（富含ω-3脂肪酸）

肉酱面配鲜罗勒和帕玛森干酪

海鲜意面

烤牛肉配小菜豆和红豆

煎肉饼配什锦菜

自制汉堡/芝士堡（注意是自制！）

杏仁鳟鱼配土豆

荞麦饼配鸡蛋番茄沙拉

甜点

黑巧克力慕斯（可可含量需≥70%）

综合红果拼盘（草莓、黑加仑、覆盆子、蓝莓、黑醋栗）

红提

自制苹果梨香蕉果泥

奇亚籽黑巧克力布丁

核桃蛋糕

饮品

矿泉水

果汁

薄荷绿茶

点心

综合红果果昔

香蕉芒果果昔

酸奶

杏干、核桃、杏仁

14:00

老爸，我今晚有场活动

帮助孩子规避风险拥抱世界

“孩子的大脑如同一支放在风口的燃烛，
其光芒会随风飘忽。”

——费纳龙[1]

① 弗朗索瓦·费纳龙（François Fénelon），18世纪法国神学家、作家、教育家。——译者注

自从进入青春期以来，亚历山大仿佛得了总在最错的时间提最糟的要求的病！这天早上，他借口突然着凉没去上学，待在房间里上网打游戏。但中午又若无其事地跟父亲说，晚上有场超级重要的晚会，自己必须去参加。此时的皮埃尔，就像这一年来面对儿子时经常感受到的那样，困惑不解，甚至如遭棒喝。自己的儿子，在离高考没几周时间成绩又不咋样的情况下，怎么能做到一边说自己很累逃了一上午的课，然后连续打了6小时游戏，一边又能脱胎换骨似的精力充沛地去参加晚上的聚会，还要玩到深夜？他作为父亲是应该恼火、沮丧还是怀疑人生，像皮埃尔这样的性情中人，无疑三者兼而有之。摸透了父亲的脾气也明知自己的要求不合时宜，但亚历山大依然理直气壮，还变本加厉起来："老爸，这是高考前最后一场晚会了，大家都会去，我不能去晚了，我不会喝多的……"总之，又是这套说了几千遍的又臭又长的借口，听得皮埃尔都麻木了，直到亚历山大祭出终极理由："老爸，求你了，伊涅斯也会去的！"伊涅斯是亚历山大交往了几周的女朋友，这对你侬我侬的小情侣一直在等待一个可以让关系再进一步的机会。皮埃尔在自己的青春期可从未听到过自己父亲对于"女朋友"这一话题哪怕分毫的关心和关怀，但他明白这很重要，不应该撒手不管。这是亚历山大年轻生命中的特别时刻。皮埃尔觉得自己很纠结，一边是儿子令人担心的学业，按理应该督促他待在家里复习；另一边他又希望儿子去参加晚会，如果一切如预期，那将是他终生值得铭记的时刻。皮埃尔的两难处境真是可怕！他是扮演严父的角色，一心一意关注儿子的学习成绩，还是扮演慈父的角色，放弃底线呢？无论做怎样的选择，对皮埃尔而言都不甚圆满。他希望自己做一名酷酷的、有要求的父亲，能在二者之间游刃有余，做出两全其美的选择。不过皮埃尔还是很快做出了选择，他理解儿子，允许他去参加晚会，但不能让亚历山大误以为自己兵不血刃就赢下这一局，更重要的是他让儿子郑重保证，这次晚会之后就要专心致志投入学习。一开始双输的局面，皮埃尔想达到双赢的目标。

这一年来，因为亚历山大直线下滑的学习成绩和旷课问题，皮埃尔和他的关系经历了许多严峻时刻。他们曾经亲近的关系现在也变得火药味十足，充满不确定性，这都是他们之前从未经历过的。皮埃尔踟蹰着，试探着对待儿子的最佳方法，要么慈祥地给予儿子正向的心理指导，要么大声呵斥想让儿子意识到形势的严峻，并能找到解决方式。其实皮埃尔内心深处非常明白，他完全没能控制局面。第一个后果就是，这种“阴阳脸”教育法缺乏整体的统一，也无法提前预判，使得亚历山大永远不知道自己将在父亲那里受到怎样的待遇。事实上，作为父亲的皮埃尔也和儿子一样，在眼前这种前所未有的亲子关系中感到迷茫，有一种恐惧和负罪感交织的复杂情绪。他非常想帮儿子一把，却找不到解决问题的关键，面对迟迟无果的局面他又缺乏耐心。皮埃尔的脑海中藏着一段特别的记忆：在把儿子送到他母亲那里之前，他下定决心要用路上这段时间和儿子把一切说清楚，解开心结。但一切都成了浮云，糟糕的成绩、对自己的态度，还有不忍卒读的成绩单，皮埃尔看着儿子怒不可遏，说儿子这一辈子都废了。亚历山大默默忍受着，什么都没说，他知道，父亲一旦发起火来是很难停下的，而且无论你做什么都没用。皮埃尔把车停在亚历山大亲生母亲的公寓前，一句话没讲，连再见都没说，他完全沉浸在愤怒的情绪中。亚历山大下了车，失魂落魄的样子，好像完全被父亲疾风骤雨般的指责震懵了。皮埃尔这一路上所做的一切，成功地让儿子在失败的怪圈中越陷越深。试想这个孩子，在听到那些话后，怎么还可能以前所未有的饱满姿态快快乐乐地投入学习？那些完全不符合亚历山大天性的话语，或充满威胁或尖酸刻薄，只会让目前的父子关系更加恶化。其实皮埃尔心里完全明白，也完全能体会，还心知肚明，但他的所作所为全部背道而驰！他自身的恐惧和信念都在这一路上倾泻而出，直至快威胁到长期以来他们父子俩的良好关系。更糟糕的是，还击垮了儿子的心理平衡。皮埃尔应该认清现实，他现在对亚历山大所做的都是错误的，他采取的教育方式让他成了一名虐儿的父亲。皮埃尔明白，他需要帮助才能度过这个阶段，他已无法理解步入了青春期的亚历山大，这一切对他们父子俩而言都来得太快了。他应该更清楚地知道亚历山大的脑袋里都在想些什么，更清晰地从整体上了解，一个青少年装着如惊涛骇浪般神经细胞的脑袋里究竟发生了什么。但他摸不着门道，他没有抓住问题的关键，没法更好地解决眼前的局面。青春期，他自己在30年前也曾经历过的青春期，他可否还记得呢？

重构与青春期孩子的关系

猛然提速的时光

众所周知，家庭成员间的关系对维持平和、温馨、积极的家庭环境至关重要。然而，青春期的到来却给父母和子女间带来了许许多多潜在的紧张关系，如学习成绩下降、夜不归宿、兄弟姐妹间剑拔弩张、沉迷电子产品、酗酒或服用其他上瘾物、性觉醒等。面对这突然来袭的新情况，父母们往往手足无措，他们显然没有时间提前准备，也没法理解。越过这些琐事从更高层面看，父母们也不会和孩子建立有效的倾听对话关系，只会扼腕叹息，说孩子变了，不再是那个天真无邪从早到晚都要亲亲抱抱的小宝贝了。青春期对所有人而言都显然是一段猝然加速的时光，父母没有注意到岁月的流逝，猛然间才意识到孩子大了，徒留苦涩的懊恼甚至悔恨。而年轻人自己由内而外都在发生改变，他们探索自己、凝视自己、审视自己……父母和孩子，两种现实，两个世界，对立不可避免。争吵、指责和沉默相互交织着，每个人都封固在自己的世界里，无法理解对方，觉得对方都很愚蠢。沟通的效果也不理想！父母对孩子在学校的学习成绩要求很高，但这种要求，如若太过强势，则会回到焦虑和不安的循环中。无论在父母还是孩子的脑海中，威胁对方的想法都在全速运转，这是一场会淹没全家人的肾上腺素海啸，风暴将近！

相互理解的必要性

对处于青春期这一特殊人生阶段的孩子而言，家庭关系是帮助他们树立人格、塑造三观的重要基石。那些亲子间不可避免地、有意无意地冲突和对抗，都是这个阶段的有机组成部分！因此，对家长来说，必须懂得如何掌控这种紧张关系，学会与之共处，如有必要，还需转变自己的观念，解放思想，尽量和孩子达成必要且正确的共识。总而言之，家长需要和孩子一起共筑未来。

家长和孩子的关系，本质上讲是不对等的，这就是双方关系的巨大局限和潜在矛盾的根源。家长对他们尚处于青春期的孩子负有教育的责任，并在经济上处于居高临下的地位。而孩子则有一股怯怯要求自由和独立的渴望，这一切都在此阶段转化为想要被认可的基本需求。这种不对等的关系会导致许多错误，甚至会演变为如下这般经典的语言暴力："不是那样的，要是你不满意，门就在那儿！"灾难的剧本如果一旦开机，势必每个角色都注定不幸。

走出对立思维的七条建议

- 避免使用任何会令孩子更加孤僻的态度和言辞。青春期孩子的思维首先建立在追求特立独行和与人比较的心理上，尤其是对父母之爱的攀比。因此，无论这个阶段的亲子关系会面临怎样的困难和紧张，做父母的都丝毫不要怀疑孩子对来自你们的无条件关爱的渴求。

- 避免用伤害性话语打击、贬低、辱骂孩子（比如“你一事无成”“你连这都做不好”“你怎么这么笨”云云）。这些都是情绪管理不到位的家长们愤怒时常挂嘴边的话。如果你在气头上脱口而出这些不好听的话，等到平复过来，立即跟孩子道个歉，解释清楚。不要碍于面子，人非圣贤孰能无过。

- 走出家门，以便和孩子交流深层次问题。找一处能使人卸下所有心理负担的户外场所，如海边、树林、公园等，彼此交流能更坦诚无碍，气氛也能更加平和。这些地方能更好地提升谈话各方的心理承受能力，让父母和子女彼此更愿意倾听和交流。

- 寻找交流的恰当时机。一场高质量的沟通绝非仓促上阵然后东拉西扯，而是必须缜密思考并设计恰当的时机。

- 带领孩子共同解决问题，引导孩子成为解决问题的核心主体。询问孩子如何看待事情、有怎样的感受，尤其是如果想重振旗鼓再出发，让他们说说有什么具体的建议和要求。

- 父母要让自己的身心做好充分准备，帮助孩子共同度过这一艰难时期（积极而非消极的陪伴和倾听）。

- 若亲子关系始终未取得积极进展，或孩子本人提出要求，请寻求外界帮助（健康专家或冥想专家等）。把问题大事化小、避而不谈或“库埃疗法”[①]对改善冲突对立的亲子关系均收效甚微。

---

① 库埃疗法：由法国心理学家埃米利·库埃于20世纪初创立，通过内心强大的积极的心理暗示达到治疗的目的。——译者注

寻找认同的青春期

青春期阶段的孩子，一方面他们大脑的激素平衡和神经生物学平衡正遭受着严峻考验；另一方面他们会很快意识到，这种身心的震荡正是自己所作所为离经叛道的原因（然而部分家长往往草率地认定这是一种疾病）。若孩子们做了什么冲动冒险的事，那恰恰表现了他们想在群体中找到自己的位置，找存在感。因此，这种在刚开始接触时很少表现出来的态度，其中并不存在多少“生物性死亡”的意义。正如法国巴黎高等师范学院行为科学研究员科拉莉·谢瓦利耶（Coralie Chevalier）指出的那样：“冲动行为并非心理不成熟的反映，而是向同伴体现自身威望、施展自我魅力的尚不完善的工具：冲动冒险，正是对自身的勇气、决心、力量和耐力的展现。实施的行为越危险，赢得的社会地位就越高。”谢瓦利耶研究员还总结道：“一旦一名青少年不再介意同伴们的眼光，那他就会停止自己的冒险行为。”这里的冲动冒险更多地是年轻人的一种策略，借此他们能更好地融入自己的朋友圈，并在圈子里占据更多话语权。总之，这就是另一个获得更多点赞的方法！经此一法，他能变得更受欢迎，在圈子里赢得更高地位，享受更多特权。比如会受邀参加晚会，加入圈子里大大小小各项活动，成为圈里其他孩子的老大和被膜拜的对象等。这种高高在上的感觉尤其能调动孩子大脑中的多巴胺通路和5-羟色胺通路，促进催产素、内啡肽和肾上腺素分泌。一言以蔽之，孩子会更加活泼！

此刻，我们应该已经明白了，对一名青春期孩子而言，能进入一个稳重、可靠、真诚的朋友圈是何等重要。这样的一个朋友圈能降低孩子为融入其中、获得认同而产生的压力。若想一句话概括以上内容，那就是：我们可以拿青春期的一切开玩笑，但得分人。

电子产品、酒精、药物，都是“多巴胺上瘾”吗

当儿童青少年正处在发育期的大脑面对各种上瘾物时，是十分脆弱敏感的。其中的神经科学原理很简单：它们负责调节情绪的大脑前额叶（尤其是负责犒赏系统的多巴胺通路）在人生的前20年都处于生长发育期。这实际上就意味着，当孩子带着令人兴奋的犒赏（比如著名的“点赞”），刺激大脑中负责情绪的多巴胺能神经元时，大脑中负责理性的部分是很难让他们“平静下来”熄灭那团四散蔓延的情绪之火的。从解剖学和生理学角度看，儿童和青少年的大脑都对此无能为力。正因如此，那些电子产品能长期扮演着“快乐源泉”的角色，轻而易举地抓住了孩子们——尤其是年龄较小的孩子们的心，让其成为真正的“网瘾少年”！

全球范围内有数十项神经科学方面的研究均已清楚揭示，长时间暴露在电子产品前会对儿童大脑造成大范围损伤，如脑萎缩、脑前额叶萎缩、负责犒赏的多巴胺通路过度兴奋、灰质体积减小等。其造成的直接影响有，孩子越来越冲动好斗、逻辑思维受损、对外界环境反应减弱，并出现类似自闭症的情绪紊乱（孩子活在自己的世界里，出现语言和人际交往方面的紊乱，尤其是再也无法与他人的目光对视）。

儿童的成瘾症，是21世纪人与世界联系极其紧密的这个时代的一道伤痕。然而它在整个法国社会寂寂无声，大家都对此选择避而不谈。反观其他发达国家，对待此事的做法截然不同，他们将这类成瘾问题视为公共卫生问题，全社会都为之进行激烈的讨论。举个例子，美国成瘾医学专家尼古拉斯·卡达拉斯（Nicolas Kardaras）就在美国出版了讨论沉迷电子屏幕对孩子造成伤

害的书籍，毫不避讳地谈论“电子海洛因”这一话题。除了紧跟著名心理学家、畅销书作家的脚步，还有很多前互联网巨头也在不断重申这一观点。他们中不乏2005年与马克·扎克伯格共同创立社交软件脸书的合伙人肖恩·帕克以及脸书前副总裁查马斯·帕里哈毕提亚等人，后者曾在公共场合毫不讳言，称这些软件“正在摧毁社会”。可见他们有资格说大实话！关于此话题的争议发端于2018年，当时部分苹果公司的大股东有感于新数码技术对孩子发育造成的负面影响，公开质疑公司管理层。

在另一些威胁儿童青少年健康成长的成瘾形式中，排名第一的当属精神活性物质。此应作何解释？从词源学上讲，法语中所谓的“精神活性物质”（psychotrope）一词从文学角度讲意为“给予精神或行为以指引”。故而“精神活性物质”即天然或化学合成的、对大脑中枢神经系统具有刺激作用的活性物质。从医学角度看，此类物质分类繁杂，本着从简原则，我们根据1991年法国两位精神科医生伊夫·佩里西埃（Yves Pélicier）和让·杜里埃（Jean Thuillier）的分类法[①]将之分为三大类：

- 中枢神经系统抑制剂，包括酒精、阿片类药物（吗啡、海洛因）、安眠药、镇静剂、抗焦虑药物、精神安定剂、止痛药等；
- 中枢神经系统兴奋剂，其下又包含两个小类，即弱兴奋剂（如咖啡因、烟草、银杏叶提取物等）和强兴奋剂（如可卡因、摇头丸、安非他明、减肥药、利他林、莫达非尼等）；
- 中枢神经系统致幻剂，如麦角酸二乙基酰胺（LSD，俗称“邮票”）、溶剂（乙醚、吸入剂毒品）、大麻、麻醉剂、挥发性麻醉剂、麦司卡林、赛洛西宾、氯胺酮（俗称“K粉”）等。

---

① 引自伊夫·佩里西埃和让·杜里埃1991年根据药理特性建立的药物分类表。

药物通过改变大脑的生物化学进程和生理学进程，进一步导致人体感官、知觉、情绪、意识的改变，以及其他精神和行为方面的改变。可卡因、摇头丸、烟草、酒精、大麻和一些精神刺激类药物，都能够在大脑内部伏隔核中短时提升一种神经递质的含量，这就是在奖赏通路中发挥重要作用的多巴胺。是的，大名鼎鼎的多巴胺还能让人染上“屏瘾”！除了带来快乐，多巴胺也能使人在短时间内对其产生依赖，而且一旦染上很难医治。故而，从神经生物学层面看，尼古拉斯·卡达拉斯所谓的“电子海洛因”一说简直精辟！

在众多成瘾药物中，对青少年的情绪影响最大的莫过于神经兴奋剂和阿片类药物，其中神经兴奋剂会提升人体兴奋性，减少疲劳感和困倦感，而阿片类药物则恰恰相反，会使人昏昏欲睡。近年来，神经科学家们已通过人类基因组研究证明，人体许多基因组都与成瘾密切相关，这为世人治疗这一恼人的疾病带来了希望。精神活性物质在青年学生中的使用十分常见，且名目繁多，可能是为了探索禁忌，可能是来自团队的压力（为加入某一帮派），可能是狂欢派对需要，可能是为了提升表现力，或者出于抗击抑郁、焦虑或烦恼情绪的需要，不一而足。

大麻对睡眠及智力的影响

大麻对睡眠的影响是复杂的。偶尔摄入，其镇静作用能助人安然入睡。但如果长期服食，则物极必反，它会影响人脑中褪黑素的分泌，改变睡眠节律，从而打乱甚至破坏人的睡眠。大麻会减少异相睡眠（又称快眼动睡眠）时长，延长深度睡眠的时间，还会导致次日大脑认知功能受损（记忆力、学习能力等）。服食量越大，损害程度越深。

酒精对睡眠及智力的影响

小酌，微醺且助眠，当然也会增加事故的风险。狂饮，会让人倒头就睡，但到了后半夜则会数度惊醒，睡眠质量变得很差。和大麻相反 ，在酒精作用下异相睡眠时间会相应延长。根据饮酒量大小，第二天的认知智力水平也会等比例下降。

烟草对睡眠的影响

长期吸烟会使人晚上睡不着、早上起不来。一旦戒烟，除了对人的性格造成影响，如出现烦躁情绪外，还会出现睡眠碎片化、白天精神不振等不良后果。

初恋，爱如潮水

恋爱，会导致人体中产生约250种新物质。从“动心”的那刻起，对你的大脑而言，不啻为置身一场高潮迭起的神经生物焰火，让我们产生依赖的多巴胺、让我们产生憧憬和兴奋的去甲肾上腺素和内啡肽、让我们品味爱情甘美的催产素、让我们看到生命美好一面的5-羟色胺，等等。这一切都如此自然地发生（这点无须向大家解释，因为我们都心知肚明），正所谓“情不知所起”，隐藏在大脑深处的一个区域在你毫无察觉的时候就开启了爱情模式，这就是基底核！陷入爱情，是一种完全不受控制的强烈情感（心跳加快、脸红心动……）。引用神经学教授伊夫·阿基德（Yves Agid）[①]的说法解释爱恋："倒不如说是潜意识，即大脑官能让我们跟着自己的感觉走，去做、去想、去感受。"

情绪过山车

潮水般的情感对孩子特别是青春期孩子的冲击尤为强烈，因为他们的大脑还处于快速的成长发育期，远未发育成熟。尤其是他们大脑中负责控制情感波澜的前额皮层部分，要到25岁左右才会彻底成熟，这就解释了为什么当爱情潮水初次涌来之时是如此澎湃，如此难以抗拒。而家长也别错误地、轻率地看待孩子们初次降临的爱情。在春心第一次萌动的时候，少年们的头脑深处是十分混乱的，更遑论爱情的苦涩第一次出现之时。起初，父母们看着少年们的恋情，一边追忆自己的青春，一边心生感动，但这样的心情很快就被彻头彻尾的恐慌所取代，他们看到孩子陷入愁苦和悲伤之中无法自拔。从此，他们的孩子不同往日。在整个恋爱过程中，伴随着多巴胺、内啡肽、肾上腺素、催产素的不断退去，少年骤然之间仿佛变了个人，失魂落魄！在神经生物学意义上，这是一场真正的大灾难，却往往被家长们低估，甚至拿这事开玩笑，最终给孩子造成了双重伤害：第一重，感觉被自己深爱的他或她抛弃；第二重，感觉与自己血浓于水的父母竟完全无法理解自己，甚至丢下了自己。真是大祸一场！造成如此局面的原因不可不究，亲爱的家长朋友，孩子此时正体味着爱情的苦涩，你在这个艰难的时刻更应该出现在他身边，陪伴他、倾听他，告诉他你永远支持他。

---

① Yves Agid, « Que se passe-t-il dans le cerveau quand on tombe amoureux », *La Croix*, 14 février 2017.
伊夫·阿基德，《当我们陷入爱情时，大脑发生了什么》，刊登于2017年2月14日《法国十字报》。——译者注

无意识扫描

为了更好地理解与恋爱相关的神经生物学机制，我们有必要回溯几千万年前原始洞穴中先人们的生活。为确保物种的繁衍生息，人类的进化自有其绝妙之处：我们的大脑中被装载了一套系统，每当男人女人交合时这套系统就会制造快乐。我们大脑也由此成为一个储备着大范围搜索设备的兵工厂，从脸型、体味到说话声音，以确保每人都能搜索到一个能为自己带来最优后代的伴侣。现今，爱情关系已然进化，但这套初始系统多多少少还是原来的模样。换言之，多路不同的无意识机制会在你与他人见面的关键时刻启动，决定你是否陷入爱情。若所有暗中储存的数据都已点击提交，那就把一切交给化学反应，交给由激素和神经递质构成的狂野内心，交给神经生物学意义上的倾盆大雨吧。

若你家少年突然之间几乎抛开所有，变得忘乎所以，神经科学依旧在那里，来为大家指出一条有趣的解题思路：恋爱会断开人脑杏仁核中情绪系统的警报器，让人自然而然更加“得意忘形”。所以，无须恐慌，没什么大不了，只是警报器断开了！（对成年人而言同样如此，所以这也解释了为何有时恋爱中的人会做出一些怪异举动）

聚焦海伦·费舍尔的三种爱情类型

美国罗格斯大学人类学家海伦·费舍尔（Helen Fisher）将爱情分为三个类型，即憧憬、吸引和依恋。

- 憧憬与性激素（睾酮、雌激素和雄激素）以及大脑的奖赏通路紧密相关。其目的就是找一位能满足自己需要的伴侣。这点在青春期孩子和年轻人身上尤为明显。

- 吸引，指在5-羟色胺的作用下，使我们带着想建立进一步亲密恋爱关系的渴望，走向唯一的那个人。

- 依恋，则是在催产素和后叶加压素的联手作用下，两个人的神经化学频率协调一致后的结果。其中，后叶加压素某种程度上也可视为一夫一妻制的婚姻激素。

唾手可得的色情读物和视频

这是一个耗费笔墨的话题，也是长辈们先前都未曾经历过的话题：色情读物对这一代年轻人来说唾手可得。曾在数个世纪中难见天日的色情读物，它们的获取途径现如今正变得前所未有的便捷，这也彻底颠覆了广大法国青少年的消费习惯。正如法国性学专家本尼迪克特·德·苏尔泰（Bénédicte de Soultrait）所言，“色情读物将成为法国性教育的启蒙者”。

一项发表于《巴黎人报》[①]、并于2018年7月提交法国国民议会的研究报告清晰表明：

- 越来越多的青春期孩子开始在网络上看色情读物或视频，并且呈现低龄化态势。在14～24岁的青少年中，五分之一的人承认每周都看，并会沉迷其中。他们中92%的人都认为获取色情读物或视频十分容易。第一次接触色情

① 此为全球著名市场调查集团益普索（Ipsos）于2018年4月为法国三家基金会所做的一份调查报告。益普索对1000名年龄在14至24岁之间的青少年进行了调查。——译者注

网站的年龄为14岁零5个月，这一结果比2013年法国舆论研究所为法国家庭与数字教育观测所提供的统计数据小了3个月。

- 尽管网络色情读物和视频泛滥，但初次性行为的年龄自1980年起几乎没有变化，男生始终保持在17岁左右，女生则为17.5岁。

色情读物对青少年有何影响

出乎我们所想，泛滥的色情读物和视频实际上对青少年初次性行为的年龄并没有形成真正的影响。恰恰相反，对他们的性行为还具有指导意义和实践意义。根据法国舆论研究所2014年的一项统计显示，近二分之一的年轻人会尝试模仿色情影片中看到的体位或场景。这一数据相比2009年的40%又有了进一步提升。“几年间，在色情读物或视频的影响下，青少年甚至成年人的性爱方式有了极大的改变。”性学专家本尼迪克特·德·苏尔泰如是说，他还担心“青少年对他们所见甚至所感的性的理解还不够成熟。性的建立是需要很多幻想的，色情读物或视频却类似‘对幻想的强奸’。它们让年轻人直面画面，使他们没有时间去想象性究竟为何物。色情画面以极快的速度印入他们的大脑。一个画面等于5000个词汇，因而具有强烈的情感冲击力，但同时也遗失了很多东西。无论我们是否这么想。①”

色情电影是年轻人激情的源泉，但同时，对于那些只看过视频里色情画面的年轻人而言，这些片子也会成为滋长焦虑的祸首。根据法国舆论研究所2014年的一项调查，超过三分之一25岁以下的男孩承认在看过色情片之后，

① 引自本尼迪克特·德·苏尔泰2018年6月8日在欧洲广播一台（Europe1）所做的节目“色情读物如何影响年轻人性行为”。——译者注

对自己的阴茎尺寸感到自卑。其中一些孩子，小小年纪甚至想服用伟哥。我们也观察到，目前在年轻女孩中比基尼脱毛和半脱毛再度兴起，在美容师们看来，这波操作也是直接来源于色情电影。

怎么办

色情读物和视频在网络上泛滥成灾，这也进一步说明了，在法国针对青少年的性教育几乎处于失位状态。不妨回顾下，自2003年起，法律就很有先见之明地规定，所有初高中学生每人每年必须完成三堂性教育课。然而时移世易，如今的情况已远非当年所能预料。至于禁止色情读物和视频流向未满18周岁的孩子，这恐怕不切实际，毕竟这些制品唾手可得，孩子们可以在网络上自由获取资源。所以还是要发挥家长主体作用，正面引导，对孩子提的所有关于性的问题不要回避、不要害臊。诚然，这点也是知易行难，但家长的作用不可或缺！

电子产品会让孩子变傻吗

近年来，不断加速的电子信息化浪潮已然深刻地改变着世界，同时还给我们带来了许多全新的交流方式，如电子产品、增强现实（AR）、虚拟现实（VR）、人工智能等，不一而足。而这只是开端，信息技术将会以迅雷不及掩耳的速度不断发展。在过去几年，已有部分学者开始研究电子产品对大脑的影响，尤其是电子游戏对正处于大脑发育期的少年儿童的影响。但这些研究也承认，电子产品对大脑功能的不良影响，今时今日尚很难给出具体说法，理由很简单："只缘身在此山中"，我们缺乏足够的空间和时间去判断这些技术可能带来的危害。最好的例子就是那些关于手机对人体危害性的研究，它们彼此之间都自相矛盾。由于现如今还无法回答这些问题，我们不妨立足神经科学和社会科学的研究数据，试着围绕其中的核心问题"孩子与电子产品的关系"来一次去伪存真。

电子海啸

关于这一问题，写长篇大论是没用的，只要让父母们了解一下就够了！现如今，少年儿童沉迷电子产品已成为时代通病。且看这项来自美国心理学会的研究，于1976~2016年间调查了全美100多万名14~18岁的青少年，这项靠谱的研究结果令人脊背发凉！在2016年，18周岁的美国年轻人每人每天平均面对电子屏幕的时间为6小时，时间分配如下：2小时发信息、2小时上网（打游戏）、2小时刷社交平台。这一数字是2006年的2倍！在2006年，只有二分之一的年轻人使用社交平台，2016年变成了五分之四。而纸质书阅读时长则相比40年前降低了四分之三（20世纪70年代末，60%的美国儿童会阅读纸质书，而到了2016年，这一数字变为了16%）。至于今天还阅读报纸的青少年，则只剩下可怜的2%！这是一场前所未有的海啸，同时也是一场"媒体文化"的剧烈变革。作为父母，虽无能为力，但必须直面挑战！这一代的少年脱离了传统媒体（书籍、杂志、电视），转而几乎全身心扑向了"线上"和数字媒体，随之相伴的是这些新事物对他们注意力的潜在危害。

打游戏的限度

这里必须说明一点，和我们的老观念不同，实际上打游戏绝不会让我们亲爱的孩子集体变蠢，归根结底还是一个“度”的拿捏。日内瓦大学认知科学教授达芙妮·巴维利亚（Daphné Bavelier）在2017年递交法国国家统计局的一份报告中就曾对该问题进行了探讨，她认为“定期打游戏有助于全方位提高视觉的敏锐度，比如格斗游戏的玩家就需要对游戏过程中出现的许多东西做出最佳判断，做到眼观六路。这样的人也更容易在同一时间或空间内同时跟进多路事物，锻炼自己的反应能力和判断能力[①]”。从另一方面讲，打游戏时的互动模式相较于被动观看电视里的真人秀节目，对大脑的刺激作用更加明显。而打游戏的危害则更多地发生在过度沉迷以及长期只打同一款游戏这类情况中。如果极端沉迷游戏，仿佛将其他脑力活动都“抛诸脑后”，就会阻碍大脑新突触联系的生成，最终对大脑造成损害，因为大脑的成长发育离不开新事物和新知识源源不断的滋养。法兰西科学院曾指出，青春期的孩子“若过度沉迷网络，会形成‘换台思维’，从而导致自身记忆力、语言组织能力和个性的退化。为了让孩子在传统的书籍文化和电子文化中找到平衡，我们需要引导孩子反思他们自己与电子屏幕以及虚拟世界的关系，培养他们的自我调节能力”。

禁止0～5岁儿童自由接触非互动性电子屏

“非互动性电子屏”（指电视、DVD等）对低龄儿童的影响是负面的，根

① 达芙妮·巴维利亚，《电子屏幕对大脑有何影响?》，法国国家统计局，2017年2月2日发表。

据法兰西科学院的说法，这尤其会导致该年龄段儿童“体重增加、言语迟缓、注意力不集中”。特别是有些父母为了图清静，把不满5岁的幼儿独自放在屏幕前。造成负面影响的原因如下：

- 幼儿（0~5岁）的大脑还完全没有能力吸收出现在屏幕上的、未经任何过滤的全部画面。若看电视或影片时没有一名成年人陪伴在侧，那有可能，而且是极有可能在某时某刻孩子就在屏幕里看到了他的大脑完全无法理解的惊人画面。
- 幼儿大脑中的神经连接会以指数级速度增长，以刺激各种感知，促进五大感官的发育（视觉、听觉、触觉、嗅觉和味觉）。若让孩子被动地在电视或平板电脑前一动不动待着，循环看着同样的节目，将阻碍并抑制这些神经突触的活跃性，最终的结果就好比一棵大树的根部缺少了水和阳光的滋养，使孩子出现脑萎缩。
- 年纪过小、距离过近且长时间盯着屏幕，会引起幼儿相关的神经生物性变化（多巴胺分泌量激增），导致孩子出现成瘾行为。一旦孩子养成了看电视或平板电脑的习惯，很难让他们从中抽离出来！在此期间，孩子由于看不到电视，会全方位地模仿电视里的某一个人物（比如大哭、生气、好斗等）。

故而，在无成年人陪伴的情况下，应尽量避免5岁以下幼儿自行接触电视。当然，全家还是可以欢聚一堂观看一部电影或动画片，共享欢笑和天伦！

屏幕，“回魂觉”的敌人

对青少年而言，若长时间无节制地面对屏幕，会对其睡眠质量带来严重影响。尤其是晚上和夜里，电子屏幕发射出的特殊光线，即蓝光，会使大脑产生依旧处于白天的错觉。由此，大脑松果体会抑制睡眠激素，即褪黑素的分泌，从而使孩子始终处于清醒状态。若孩子晚上长时间盯着屏幕，会对其生物钟造成损害，进而导致睡眠紊乱，甚至出现失眠。

还需指出的是，若长时间过度使用智能手机，还会导致短期内陈述性记忆力下降（比如想不起一个电话号码等）。但在达芙妮·巴维利亚看来，智能手机能让我们的“交互记忆”得到提升，该记忆能帮我们了解去哪里获取信息。

“数码原住民”们的大脑会重塑吗

这是一个始终令我们这些当父母的震惊不已的问题：孩子们是如何做到一边复习功课，一边还能听音乐看电视的？截至目前所有的研究结果均显示，大脑都是“单任务”性的，也就是说大脑没法同时做两件事，否则就没法集中注意力。原因很简单：一件专门的事会刺激一系列专门的神经元，否则就会造成不同系列神经元间的竞争。换言之，它们之间也是有你无我，无法共存的。只有一个例外，同时进行的两个动作中，其中一个已能由大脑自发完成，无须经历特别的认知过程，此时我们才能同时做两件事（比如，在极度熟悉的音乐声中读一本书，因为该音乐已无法对大脑神经元形成新的刺激）。实际上，不同年龄段的人神经元间的联系速度也不尽相同，儿童青少年的突触联系尤为迅速，这使得他们能够在不同事物间快速切换，仿佛同时进行一般。此实乃一种错觉罢了！

生活数字化有什么长期影响

现如今，数码产品在生活中可谓无孔不入，如何评估这一现象对孩子大脑功能和结构的长远影响，已成为当下一大社会热点问题。在这场数字化革命带来的生态系统变革中，我们是否会眼睁睁看着诸多新病症的出现？我们下一代的大脑又是否会顺势发生突变？一切皆有可能。百万年来，人类的大脑始终在不断适应着环境的变迁。但也正如我们所知，这种适应和进化是在千百万年间缓慢地、渐进式地进行的。那数字化浪潮会成为唯一一个推动人类进化狂飙突进的魔法因素吗？答案恐怕还要等上几十年。至少目前还没有技术能在我们的大脑中植入什么芯片，或用什么微电子技术把我们变成人工智能和真人混合体。这是科幻吗？眼下不得而知。但我们也要知道，现在已有很多人——绝非少数，正在积极研究这些未来计划，研究着新人类的诞生。

但为了回到我们平凡的血肉之躯，因为缺乏足够的审视空间，也没有足够的证据反证必须适度使用电子产品，所以我们应更谨慎，表示自己还没到要做新人类的程度。抛开机器不说，我们个人使用数码产品的“度”也至关重要。同时，作为家长，除了动脑子，身体的感觉也能帮助我们了解应该为孩子做些什么，应该和他们一起做些什么。

15:30

惊喜提问：理想学校什么样

共同构建未来学校

“不要在当下的世界里抚养孩子，
这个世界会随着孩子的成长发生改变。”

——玛利亚·蒙台梭利

这天下午，玛侬在学校听到了这个惊喜，更确切地说是意想不到的问题。这是她四年级班主任布莱克斯通老师提出的“每日一问”：“想象一下，你们理想中的学校是什么样的?”这类畅想未来的题目是玛侬的最爱。只要放她去想象未来、去构思、去给未来描绘蓝图，她就如鱼得水，她脑袋里小小的神经元就会争先恐后跃跃欲试！困扰她的从来不是想不出答案，而是想法太多，难就难在要把它们组织起来、梳理出来……那简直是灵感火花四溅啊！没有束缚、没有羁绊、天马行空，在玛侬眼前的是一张白纸，任她畅想遨游！

布莱克斯通老师也是位“非典型”老师，他一直在破除条陈、打破常规、颠覆传统。孩子们都很喜欢他也就不足为奇了。他永远心平气和，脸上带着笑意，和蔼友善，关心每一位学生，还总是充满无穷创意。他热爱自己的事业，在教育系统工作了二十多年依旧初心不改。是什么支撑他走到今天？他要挖掘每个孩子的闪光点，尤其是那些被其他老师视为迷途羔羊的孩子。他充满创新的、异彩斑斓的教学方法不只让他获得了来自同行的友谊，也让他受到了很多指责。有人恼火他固执己见从不严格遵守教学大纲，还有人嫉妒他的课堂上不时传出阵阵欢笑……布莱克斯通老师的做法刺激了很多同行，但也让他拥有了认可自己的热情粉丝，他们认可他教学方法轻松愉快表面的背后，是对孩子成长的帮助，尤其是对脆弱的、“非典型”孩子的巨大帮助。在此严谨的背景下，学校校长一锤定音！经过几个月的严格考察，一天，校长米歇尔找来了布莱克斯通老师，说了一番令后者完全意想不到的话……

“布莱克斯通老师，我曾一度觉得您有一些怪诞，甚至有时候觉得您有些疯狂。我也收到过一些老师对您课程的保留意见，也明白一些家长对您的教学方法一无所知，他们不知道您的教学风格会把孩子教成什么样子。于是我对您进行了长期细致的调研，然后才下了判断。我看到了您班上孩子的可喜变化。总而言之，我相信，亲爱的布莱克斯通老师，您是一位天才教师。而且纵观我整个教学和管理生涯，您毫无疑问是我见过的最优秀的教师。所以请答应我一件事，布莱克斯通老师，就一件，请务必继续按您的想法进行教学工作，请继续为我们建设一所让每个孩子学有所乐、学有所成的学校。如果孩子有幸进入您的班级，您会改变他们很多人的命运。布莱克斯通老师，我为能得到您的才华而倍感欣慰。虽然本人才疏学浅，但我愿竭尽所能，最大限度为您提供在我校施展才华的空间。我校为有您这样的好老师倍感荣幸。我替学校的孩子们向您表示感谢。”

此时此刻，布莱克斯通老师站在校长面前，双眼直视着校长的眼睛，两行热泪沿着双颊滚落下来。平日里说话滔滔不绝的他陷入了长久的沉默。

“感谢您如此理解我，米歇尔校长，我真的感激不尽。您知道的，这项事业就是我的生命，我爱它。每天早上我都问自己，我怎么才能为这个或那个孩子做得更好，我怎么才能不断创新，我还能想出什么新方法去激发学生们的学习兴趣，去帮他们认识这个世界。您的话让我十分感动。您知道的，米歇尔校长，我深信以我们国家学校的能力，完全可以通过内部改革来更好地实现让每个孩子享受无差别教育的艰巨任务。这是我们教育工作者的任务，我们的光荣，也是我们的专长。我且以萤烛末光，尽增辉日月之事。”

“谢谢您，布莱克斯通老师，我心悦诚服。别松劲，我们需要您，您对我们学校和在校学生而言都是如此珍贵。”

经过半个小时的深思熟虑，大家开始回答老师提出的这个惊喜问题。“好了，谁来跟大家说说他心中的明日学校是什么样的?”布莱克斯通老师和颜悦色地问全班同学。玛侬举起了手。“啊，真棒！玛侬，有请。那你是怎么看待这座神奇的学校的?”玛侬站了起来：“我觉得明日学校应该让我们有更多笑声。”同学们思索片刻旋即哄堂大笑。“嗯，真是这样”，布莱克斯通老师狡黠地回应道：“那如果是你，玛侬，你要怎么做呢？有什么好主意吗?”“嗯，是这样的，当我们学习的时候，如果觉得心里难过或害怕学得不好，大家不需要忍着憋着；要是我们觉得开心或者想玩想笑的时候，很简单，大家在不知不觉间就可以学到东西。还有一件事，有一天我爸爸教我做可丽饼，他先给我讲了一遍菜谱，但我没懂，因为我没怎么听。最后爸爸对我说‘到你玩一把了，我要一款黄油巧克力可丽饼，玛侬小姐。’我只好跟他说，他疯了，我不会。但爸爸让我试试，还说他相信自己一定能吃到最棒的可丽饼。于是我就开始调面糊，爸爸会在我需要帮助的时候稍微来帮一把。最后我们给全家做出了巨大巨好吃的可丽饼，连我小弟弟都吃了。那可真是太棒了!”“谢谢玛侬，真棒，祝贺你！还有其他同学吗?”波丽娜举起了手。“好的，波丽娜?”“学校还应该问我们想学什么，让我们按照自己的节奏学习。”另一位同学罗曼也补充说：“而且，应该分组，像踢足球一样!”“还要鼓励我们，而不是只有考不及格的时候才鼓励!”阿克塞勒继续说道。“很好。大家要知道，孩子们，也就是你们，是我认识的最伟大的大脑研究者，你们什么都懂！所以下一步我们应该怎么做呢？我们已经把大家说的都记下来了，我们会研究怎么在课堂上落实这些建议，从明天早上就开始实行。大家同意吗?”所有孩子都迅速举起了手，欢呼起来。下课铃响了，同学们嬉笑着、蹦蹦跳跳地离开了教室。学校万岁！才华横溢的魔术师布莱克斯通老师已经赢下一城……

神经教育学，是儿童教育的未来吗

身边已经有越来越多人开始谈论神经教育学或神经教育法，但这具体是什么呢？这个被屡次提及的名词——“神经”背后到底隐藏着什么？教育是否会迎来一种崭新模式，抑或一场深层次变革？基本的原理其实很简单：从解剖学角度看，每个人的大脑结构都基本一致（拥有约1000亿个神经元，每个都能与其他神经元发生1万次联系；六个脑叶；两个半脑等），但每个人的大脑——尤其是儿童大脑的结构体系、功能性联系和脑褶皱等，又都是独一无二的。正是基于个体的独特性，才有了神经教育法倡导的个性化教育。简单来讲，就是根据每个孩子大脑的结构为每个人定制教育方案。或者再打一个略有争议的比方，原先好比是一群圈养的鸡，现在变成了散养的，每个孩子都被赋予了自由表达自身才华的机会（当然自由并非无限度的，细节把控很关键）。

神经教育学将随着医学影像的进步而发展。从今往后，我们能通过研究大脑形态，进一步解析每个孩子的天赋、才能、异禀以及潜力。其研究的脑部区域更具针对性，如前扣带回、脑岛、前额皮层等。不仅如此，这些认识的进步同样具有前瞻性。随着对每个孩子大脑形态和大脑神经联系研究的不断深入，我们就能更加从容地判断每个孩子的不同之处。当以上种种设想汇集在一张蓝图上互相成就的同时，也迅速引发了一些伦理道德问题及现实问题。首当其冲的质疑就是，在4.0版颅相学加持下，我们是否会朝优生学角度发展，继而让所有孩子从小就暴露在电子设备辐射下，被诊断被检测？再或者，抛开伦理道德问题不谈，我们又是否有能力开展这项工作？在目前全法国都没有足够脑部成像设备专供单科诊断使用的前提下，能否为了优质教育，让数以百万计的儿童在进入幼儿园之前都接受磁共振成像解剖？所以也要小心这股科学潮流，其仅凭神经科学界一家之言就制造舆论，试图取社会学论断而代之。

所以，该怎么更合理、更现实、更有力地帮助孩子们好好学习呢？也许，万事开头，必先知道以下几点。

1. 做好家长、教师及所有幼儿智力开发行业从业人员的培训工作。如果漠视了掌控一切的黑匣子，教育教学又从何谈起？故而，相比我们通过基础研究和实践已取得的丰硕成果，这种漠视就让人更加扼腕。总之，开设大脑培训课程迫在眉睫！（同理，这类课程也需要在员工和管理者中开设，因为这些都是书本中没有的知识。）

2. 普及思维训练课，实现儿童双商并进。下沉到每所学校每个班级，开设实操性强、简单易行、成本低廉的训练课程，开发孩子的认知能力，以及（甚至可以说“尤其是”）情商和人际交往能力。可以通过增设日常呼吸和冥想练习，促进孩子脑部神经生物平衡，提升其表达能力；可以开设专门的课程，培养孩子的共情、协作能力和利他精神；还可以设置一些情商课，训练孩子的情绪调节和焦虑管理能力。这些训练开始得越早越好，对人类智力进行多维度的早教，不仅有利于孩子个人的成长，更有助于全社会的协同发展。

3. 转变研究方式，将学校教学作为永远的研究对象。神经科学发展日新月异，全世界层出不穷的新数据每天都在拷问我们，质疑我们，甚至有时还会推翻先前的论断，督促我们“日日新”。当然，这些都是科学家们研究的内容。教育界无须对这个大脑功能的新知识感到恐慌，相反应该加以利用，促进孩子发展成长，当然前提是必须守住道德底线和公平原则。我们还需深入践行和发展“从测试中学习”方法。不仅在书本中、实验室里或是医学影像中学习研究，更应扎根大地、深入课堂、走近每一个孩子！对我们每位研究者而言，还应该深入接触一线教职人员，只有和他们近距离接触、良性互动，才能了解他们的观点看法、意见建议，才能设计出和课堂教学互有补充的大脑训练法。

一言以蔽之，解放教育思想，让其充满欢乐和创造力，未来必有此呼声！

芬兰教育模式——神经兼容

每当经济合作与发展组织（OECD）发布三年一度的国际学生评估项目（PISA）[①]结果之际，评论者们都会对芬兰的教育模式献上赞美之词，称其为世界教育的标杆、榜样和灵感来源。那我们的芬兰朋友为何会如此优秀的呢？这一问题激起了法国《挑战》（*Challenges*）杂志记者洛朗·法尔格（Laurent Fargues）的浓厚兴趣，他试图破解芬兰谜题。他写道：玛利亚·胡卡宁（Maria Hukkanen）是赫尔辛基一所社区学校的教师，在黑板和电子屏之

① The Program for International Student Assessment——译者注

间，她无须选择，因为她二者皆用。“我从一个换到另一个，这是吸引学生注意力的绝佳办法。”此外，再把教室布置得像家一样温馨，放一个沙发、一架钢琴、一把吉他，再做些装饰，这样新颖的上课环境打破了传统课堂排排坐的可憎面目，让孩子可以置身一个如家般温馨快乐的环境中学习。

芬兰教育模式的第二个特点，是把游戏置于教学环节的核心位置。洛朗·法尔格写道：追踪游戏可以帮助孩子认识五大洲，小机器人有助于开发身体。“我期待着我们的老师能够进一步激发孩子，将他们提升到更高程度。希望我们的老师能成为教学方法论的领导者。”学校校长安娜-玛丽·亚蒂宁如是说。而芬兰整个国家正是如此践行的！

第三点，芬兰的小学阶段不以分数论，初中阶段给学生的分数也从不下4分（10分制）。而留级更是少之又少。

第四点，芬兰学生课表上的上课时间比法国少四分之一，几乎没有课后作业，还有受过专门培训的拓展训练老师为他们定制个性化发展计划。

第五点也不容忽视，教育机构负责人拥有极大的自主权和决策权，可根据本校具体情况制定管理办法。“校长可自行选聘教师，这就是关键！”赫尔辛基法国-芬兰中学常务副校长、前法国塞纳-圣但尼省教师玛丽-奥德·布歇对此坚信不疑：“各部门打通，都为学校整体发展服务。”而且芬兰教师社会价值更高，薪酬普遍比法国教师高出10%～20%。一旦踏上工作岗位，洛朗·法尔格又写道，“芬兰教师拥有更大的自由度来适应教学和团队合作。他们每周都平均要花2～3小时开会，来集体备课、讨论学生存在的困难问题和学校的特色优势……反观我们国家，则很少付诸实践”。

洛朗·法尔格还写道，虽然芬兰的教育支出也只占其国家财政支出的5.7%，和法国的5.3%十分接近，但人家自有特色：初级教育阶段，通过集体讨论决策关键事宜。“每个芬兰人都能认识到，教育是造就独立的关键因素”。

芬兰教育部常任秘书阿妮塔·莱希科伊宁（Anita Lehikoinen）强调道，“在我们国家，学校不是一个孤立的议题，它是整体的一部分。”经济合作与发展组织教育专家埃里克·夏尔博尼埃（Eric Charbonnier）在比较了法芬两国的教育现状后也提到了国民对教育的态度问题：“芬兰教育模式对法国最大的启示，是其正视问题的出色能力，而不是让问题淹没在政治争吵中。”

面对成绩，芬兰并没有止步不前，或躺在荣誉簿上睡大觉。正如法国《南方快报》记者朱莉·菲利普（Julie Philippe）指出的那样，芬兰将成为世界上第一个取消学校课程教育的国家。从2020年起，“芬兰的小朋友将不用再上数学课或语文课。取而代之的是多学科课程。原先课表上的一节地理课，现在可以让同学们用两个小时从不同角度研究欧盟，可以是欧盟的经济、地理、语言或者历史等，没有局限”。全新的学习方式极大地激发了同学们团队协作精神，提升以小组形式解决问题的能力。芬兰教育部长马里奥·基罗宁（Marjo Kyllonen）更是不断强调：“我们需要重新考虑教育问题，重新规划教育体系，让我们的孩子具备拥抱未来的必要技能。有些学校依照20世纪的方式运转，但如今我们已经身处21世纪。需求变了，我们也要创造出一些新的东西来适应这个时代。”此处“适应时代的新东西”不禁又让我们畅想起定制式教育，让每个孩子的大脑得到充分发展，而非将其永远地禁锢。从神经科学角度看，芬兰模式可谓教育的极佳范本，可以刺激孩子大脑的奖赏通路，抑制恐惧的情绪，从而最大程度调动孩子学习积极性，专注地学，快乐地学，更加肯定自己，减少焦虑、压力和失败的挫折感。芬兰的这套教育模式适应孩子大脑发育特点，同时极具创新性、灵活性和责任心，可以肯定的是，这种教育制度将继续领跑全球。那么，世界其他国家又应该从中学到什么呢？

PISA，是学习评估的全能者吗

2018年5月2日至25日，来自全法国252所学校（在册公、私立教育机构、农校、普通初高中、职业技术学校）的7000名学生接受了国际学生评估项目（PISA）的测评。这项由经济合作与发展组织（OECD）组织的项目自2001年[①]起，每三年进行一次，覆盖全球79个国家或地区，通过评估15岁学生的知识水平和技能，对该地教育水平进行评测。

PISA项目设计者们的目的在于，评估在何种教育模式下学生能获得“充分参与现代社会的主要技能和知识”。而教育的挑战就在于，如何“能力立意”，将所学知识运用于日常生活。还有一点让人叫好，在评估期间，PISA项目会跟踪采集各个国家的数据，并将之进行对比，这让各国可以互学互鉴，可以向教育水平高的国家或地区学习。纵观全球，共有近54万名学生接受了该项目评估，这一样本规模覆盖了近3000万学生。每位学生的评估时间持续3小时30分钟，包括四部分：

- 阅读素养测试
- 数学素养测试
- 科学素养测试
- 两份关于学生社会文化和信息技术的调查问卷

荣誉

最初，在PISA榜单上名列前茅的都是北欧国家，其中芬兰雄踞榜首。但

① 根据后文内容，以及中国教育部基础教育质量监测中心网站（http://www.eachina.org.cn/shtml/4/news/201912/1851.shtml）的信息，PISA项目始于2000年。——译者注

当越来越多的国家和地区加入测评后，许多亚洲国家、地区或城市如中国上海、中国香港、日本、中国台湾地区等开始占据榜单前部位置。欧洲方面，德国的重新崛起尤为瞩目，其科学、阅读、数学三项素养在参测国家（地区）中分别位列第（15）、10和16名，被称为“PISA冲击”。德国虽然自2000年起测评成绩始终平平，但在对教育制度进行大刀阔斧改革之后终于获此佳绩。至于法国，位列中游，科学、阅读和数学三项成绩分别排名第26、19和26位。法国全社会对学生学习成绩施加了巨大压力，相较于其他发达国家，法国的教育不公平现象尤为显著。

保留意见

当然，对PISA评估的排名持保留意见者也不在少数，甚至还有批评的声音。但必须指出，这些意见和声音多来自成绩不佳、排名不靠前的国家。比如法国，就有人提出PISA项目中数学素养的评估标准完全基于学生将数学知识运用于日常生活的能力，这与法国学生接受的数学教育体系相去甚远。但换个角度看，法国的教学模式是否真的太过教条？再看阅读素养，PISA的测试题目涵盖了书籍节选、报刊文章和其他类型的阅读材料，而法国学生只习惯做文学作品阅读题。在对PISA持批评态度的人眼中，法国孩子和其他国家孩子相比，明显对测试题目很不适应。此类批评之声不绝于耳，但为了避免触礁，法国的教育是否真的应该更加贴近生活呢？瑞士的教育界同行则对最后两份调查问卷的实施方法提出了批评，指出很难对其进行比较。尤其是自2016年起，PISA评估开始用电脑答题取代纸质试卷后，争议之声再起。但无论怎样，有一点毋庸置疑：世界各国的政府依然会紧盯新一轮PISA评估结果，此中将依然充满教育界的身影！

蒙台梭利，儿童大脑最爱

“孩子不是一个任人填装的瓶子，而是一汪恣意迸发的泉眼……教育，不是驯化。”此言来自意大利第一位女性医学博士玛利亚·蒙台梭利（1870—1952），这也是她对自身儿童事业和儿童教育学的总结。1907年，她开设了世界上第一所“儿童之家”。

我们可以毫不费力地想象，她一定是那个时代幼儿教育的主要创立者和先驱，她给予了孩子们广阔的自由度和极大的自主权，让他们在自己想要的时间，根据自己的节奏去选择和发展自己的兴趣爱好。同时，蒙台梭利女士还指出，一旦有善于倾听的、耐心热情的专业人士在旁指导，幼儿们就可以集中到一块，进行自我管理，学习起来也会更加容易。110年之后的今天，世界各地已有22000家以“蒙台梭利”为品牌的早教学校。

蒙台梭利的教育论

基于可读性考虑，我们将蒙台梭利教学法中涉及儿童教育的基本原则浓缩为六大要点。

自由

这是蒙台梭利教学法的基础！孩子们能在已有课程中自主选择想上的课程，也能在遵守教育者规定的教学情境和教学任务的前提下，自主组织外出实践。

在做中学

没有比实践出真知更好的方法了。最精简的理论讲解、口头指导，搭配最丰富的实践和能够调动五官的实验，可以独自进行也可小组合作，让孩子们边学边做，在做中学。

设立目标，循序渐进

教育者需和孩子共同制定目标，同时“化整为零”将目标拆解为一系列循序渐进、难度适中的小目标，这样能让孩子摆脱过度焦虑，从长远角度培养孩子的专注力和规划能力。

自主、帮助和不唯分数论

在蒙台梭利学校，孩子们不用担心上级教育部门挥舞的成绩大棒，但成绩直接渗透在他们学习的各个阶段，其中就包括常规反馈和建设性反馈。蒙台利梭学校在意的不是孩子在班里排名第一还是倒数第一，或是否考了满分，相反，其更看重孩子的学习过程，孩子表现出的持续学习能力和进步空间，以及在学习过程中付出的努力和取得的进步。

尊重个人节奏

蒙台梭利教学法的一个显著特点是，尊重每位孩子的内在节奏。学习不是和时间赛跑，先到者赢后到者输。而是应该让每个孩子根据他们个人的发展逻辑自主触发。其中，遵循孩子的时间生物节律尤为关键，要根据孩子每天的重要时间节点安排学习事宜。

感觉、榜样和个人发展

在蒙台梭利看来，教育者身上体现的榜样力量比强制规定和耳提面命更能有效地指导实践。强迫孩子做事是没用的，只有他们想做才能做，只有他们觉得别人理解他的感受和目标的时候才会做。如果孩子感受到了别人的尊重，那他自然而然会想模仿此人（教育者或其他孩子等）的行为举止，也会自然而然地在一个积极开放的环境中释放自己。

蒙台梭利学校的组织架构

起初，蒙台梭利学校的招生对象为3～12岁儿童，即实现幼儿园到小学全覆盖。后来，又设立了“蒙台梭利式”初中、高中以及贯彻相同教育理念的托儿所。蒙台梭利学校的初级教育划分为若干阶段，具体如下：

- 第一阶段称为“儿童之家”，主要是幼儿园，面向3～6岁儿童；
- 第二阶段，称为“小学”，其下又细分为两个子阶段，第一阶段面向6～9岁儿童，第二阶段面向9～11岁儿童（两阶段可根据情况相互融合）。

相较于传统教育体系，蒙台梭利学校的升学过程没那么一本正经，而是贯穿整个学年始终，根据孩子的进步表现制订发展计划（量身定制过程化考核）。

蒙台梭利学校提供的课程兼顾儿童兴趣发展和教育部规定的教学科目（数学、母语、外语、科学、历史与地理、音乐、艺术等），做到了全方位覆盖，同时还设有若干特色课程（如调动五官的课程）。在这里，教育者不再是居高临下填鸭式教学的提供者，而是孩子的负责人，他们能唤起孩子的兴趣和好奇心，激发孩子对学习的无穷斗志。

关于蒙台梭利学校，你要知道的事情

玛利亚·蒙台梭利生前没有对自己的姓名权进行保护，使得在她身后随便哪家机构都能自由地打着“蒙台梭利”的名号，严格践行其教学法者却寥寥无几，当今良莠不齐的局面正出于此。目前，在法国，经由法国蒙台梭利协会长期而严格认证的办学机构约有50家。

法国教育部不承认蒙台梭利学校的公立地位，也就是说这些学校皆非公立，其财政情况完全依赖招生。学费根据不同标准有所变化，变量包括学校地段、生源年龄等。

神经科学解析下的蒙台梭利

蒙台梭利学校的教育理念与神经科学最新研究成果紧密接轨，尤其在关于学习的大脑机制方面更是紧跟前沿（强调在做中学的重要性，从游戏中学习，从友善鼓励中学习，遵循大脑节奏学习等）。通过此法，孩子们可以调动自己大脑中的多巴胺奖赏通路，抑制恐惧通路。所以，引用了《科学》（*Science*）2006年发表的研究成果，该项研究对120名接受蒙台梭利教学法教育的5～12岁儿童进行了调查，结果表明，从蒙台梭利体系的幼儿园及以上级别学校毕业的孩子，具有更强的数学与阅读能力；进入中学后，这些孩子展现出了更强的社交和创造能力。这说明什么？说明（往往）根本不需要更先进的大脑成像技术。但有一点也是常识，通过直观地、仔细地观察孩子来设计一套能达到神经兼容的教育模式，对于生活在一个多世纪前的玛利亚·蒙台梭利而言完全绰绰有余。而如今人们对蒙台梭利教学法的迷恋，从神经科学前沿研究成果的角度看也相当合情合理，而且我们也已从老一辈蒙台梭利教学法的著名拥趸——如谷歌创始人谢尔盖·布林（Sergey Brin）和拉里·佩吉（Larry Page）等从固定成长模式中跳脱出来，青出于蓝，更加多元。

然而，从客观角度看，蒙台梭利模式还存在几个关键问题需要探讨解决：

- 第一点，从实操层面看，首当其冲的就是“蒙台梭利”的未授权问题（即不受法律保护），很可惜，结果造成了各地打着蒙台梭利教学法幌子的无证机构层出不穷。因此，各位家长在为孩子选择蒙台梭利学校时务必擦亮眼睛，慎重选择。

- 第二点，关于蒙台梭利学校的高昂学费。由于该类学校不受法国教育部承认并非公立，因而其多面向法国有一定经济实力的精英阶层。所以对绝大多数法国人而言，不可能也无法想象，一个孩子从上幼儿园起一年要花费高昂的学费。

- 第三点，需要持保留意见的部分是，蒙台梭利模式与所谓“传统”教育模式的兼容性和二者衔接的可能性。换言之，一名从3～12岁都在蒙台梭利教育模式下成长起来的孩子一旦进入传统教育体系，他的未来会如何？这是一个复杂的问题。因为问题是持续变化的，会根据社会主流价值观、治理模式、企业采用的招聘标准、政府对高等教育的政策导向等因素发生变化。

试想，如果身在一个以耳提面命为宗旨的社会，在一个以数学和语文为教育根本的社会，在一个服从和纪律高于一切的社会，在一个枪打出头鸟的社会，在一个遵守规则和条陈至上绝不能逾矩的社会，在一个不欢迎创新创造的社会……各位想到了什么？如果置身这样的社会，蒙台梭利教育体系培养出的孩子将会承受多大痛苦？他们会觉得自己是个异类，觉得英雄无用武之地，尤其是无法施展自己的社交能力。

再试想，如果是一个节奏超快、完全释放的社会，一个不仅看重纯粹的认知能力，还注重情商、社交能力、应变能力的社会，一个永远需要做出快速反应、永远需要“在做中学”的社会，一个把美育和哲学艺术爱好放在和数理化同等重要位置的社会，一个横向模式活跃、成体系、受认可的社会，一个仁爱之心、同理之心受重视甚至成主导的社会……各位又能想到什么？从逻辑上讲，蒙台梭利模式培养的孩子和其他同样注重不同智能（认知、情商、交际）协同发展的教育模式培养出的孩子，他们在社会中会感觉更加游刃有余。此外，所谓“传统”教育模式与其他教育模式的趋同也将日渐加速。由此看来，第三点顾虑正在变成一种实践的承诺，我们有理由为之欢欣鼓舞。

“110号乙”，法国国民教育部教学创新实验室

“110号乙”[①]，即法国国民教育部教学创新实验室，成立于2018年6月，位于法国国民教育部核心位置（巴黎格雷纳尔街110号），开放面积350平方米。该机构以助力社会创新、组织创新和科技创新为宗旨，为所有国民教育主体提供一个集实验、改革、学习、快速测试为一体的自由平台，以应对并解答当下和未来教育面临的挑战。

据教育部长称，设置该机构的想法是国民教育各主体的共识：如果“从中央到地方，从教育领导部门到教育参与者都满怀价值创造潜力和极高的可操作

① www.education.gouv.fr/110bislab/cid130754/presentation-du-110-bis-lab-d-innovation-de-l-education-nationale.html

性，投身到教育的创新创造中来”，那力量是可以想见的。但事实上，目前缺乏切实可行的组织和平台来整合教育创新计划的各个要素。由于传统教育体系内部的老旧落后积重难返，以及其面对未来社会的不适应性与日俱增，于是设立一个实体机构来刺激和激发教育改革也就势在必行，“110号乙”孵化器由此应运而生！

“110号乙”具有四大先天优势

- 为教育部内外的所有教育主体建立了一套开放、横向的话语体系；
- 深入学习领会知识界和国民教育部的深刻改革；
- 通过协同合作、文本整理等新方式，推动各类教育方法的融合普及；
- 扶持教育创新各个要素（中央和地方相关行政部门、教师、私人培训机构经营者等），为其提出的教育创新计划提供资金和设备支持。

“110号乙”是法国国民教育部不可分割的一部分，但同时又以言论和行动的自由争取着相对独立的地位，“110号乙”想打造成为一个兼收并蓄、开放包容的场所，让其中的每个人都能自由地、有建设性地为教育事业添砖加瓦，无论其人是教师、学生还是企业家。一个崭新的、集交流互动与创新引领于一身的机构在我们身边诞生了，希望在不久的将来，这一英明举措就能转化成实际有效的成果，惠及我们的学生和教师！

16:30

放学了

促进孩子大脑发展

这天下午，皮埃尔得以解放片刻去做一些运动。这对他这位作家而言是续命的刚需，运动于他是缓解所有潜伏的紧张情绪，也是释放体内累积毒素的好方法，运动还能让他活动下自己长时间端坐在写字台前的身体。他运动时的魅力和专注，落在阿萨眼里，又让他成了一个更年轻更帅的家伙。

这天中午，皮埃尔还在坚持和亚历山大交流，他很焦虑也很无助。他不明白自己的儿子为什么只喜欢聚会、他那帮小兄弟和电脑游戏，喜欢到能忘却其他所有，喜欢到都出了毛病。但皮埃尔在这个问题上还是想做一名酷爸爸。他自己，作为一名昔日也沉迷吃喝玩乐的前辈，在这方面确实没什么正经东西可以教育儿子。于是他反其道而行，向儿子分享自己的经验以及面对这样或那样的情况可能遇到的危险。于是自然而然，皮埃尔和亚历山大从喝酒嗑药女人开始无话不谈……这是他们父子俩雷打不动的习惯。这种对生活中大小事物开放式的交流是他们之间默契指数的晴雨表，从不骗人。当父子关系紧张的时候，亚历山大会像一扇监狱大门拒人千里之外，非十万火急不跟父亲讲任何事，而皮埃尔也不会过问儿子一二。一旦暴风过去雨过天晴，亚历山大又会兴致勃勃地跟父亲讲述自己的壮举，有时还会就这事或那事征求父亲意见，父子俩默契更进一步。

皮埃尔给自己和大儿子的日常交流定下了两条准则：第一条，对自己说的事情必须实事求是，即使有时候事情比较露骨；第二条，无论何事，重伦理轻道德。皮埃尔一直都很厌恶卫道士的言论，总之那些人唯一的目的就是把他们的观点凌驾于世界之上。皮埃尔自己就随心所欲，经常逾越正统的社会准则。而伦理，在皮埃尔看来则是另一回事，他将之视为个人规范，终其一生必须时时刻刻遵守，然后在这一基础上实现个人发展和自我完善，同时保持对他人的关注。不张扬，不胡言，恰恰相反，一旦嬉游便需自重，并从错误中吸取教训以期进步。皮埃尔很喜欢将这套人生哲学传递给自己的孩子们：做自己，做自己坚信的事，无须多虑是否合乎时宜，随心所欲。用个人伦理指导某些方面的行为，并在人生道路上不断做出调整，谦逊与骄傲并存，同时严格要求自己。

皮埃尔建议亚历山大和自己一起去运动，他二话不说就搬出了杀伤性理由：夏天快到了，如果亚历山大想在海滩多撩几个姑娘，有点肌肉总不是件坏事儿。这个理由真是一击致命，说时迟那时快，亚历山大已经套上了短裤。即便是这个令人昏昏沉沉的早晨，亚历山大还是迅速回魂了。亏得这大自然的天地灵气……皮埃尔很喜欢可以和大儿子一起做运动的时光，父子俩亲密无间。也正是在这样的时刻，他可以看到儿子的成长，看到他越发笃定地进入到了成年人的世界。即便有时候当父亲的也会怀旧，回想起自己在孩子们小时候每天晚上给他们讲自己现编的故事，逗得他们咯咯笑，但皮埃尔还是迫不及待地想等孩子们长大，和他们进行成人与成人间的交流，和他们建立更自由、更真诚、充满更多自嘲的对等关系。而从睾酮分泌的角度看，皮埃尔也乐于向儿子展示，在运动场上，廉颇老矣，但尚能一战，老头子还不至于如垃圾般一无是处。在运动方面，皮埃尔还是留着两把刷子的。老父亲此刻在场上的小小炫耀也让亚历山大打心眼儿里开心，他很高兴那个身体强健的父亲又回来了。这个场面过去一度消失不见，那时的皮埃尔和各路病魔缠斗不休，每次都要靠与病魔英勇顽强斗争才能恢复。皮埃尔希望，这份斗争的勇气能鼓舞孩子们，无论他们健健康康还是偶有病痛，自己都成为他们的榜样，成为教育的原动力。皮埃尔深知，生命中不少事情自己都失败了，但同时自己也赢下了一些。他很想把这些都告诉孩子们，帮他们少走弯路，不要重蹈自己的覆辙，希望他们比自己走得更远。继承是一块跳板，而非一份负担。皮埃尔经历过太多前辈留下的不可承受的重担，这些重负让后人无力承担。

皮埃尔准备好了自己运动时的曲库。他的生活中是不能缺少音乐的，尤其是自从他决定不看电视开始。在家里，他带着阿萨和孩子们无时无刻不在听音乐。音乐有一股不可思议的力量，能将人迅速带入无比真实又充满多元的情感世界。每每听到古典音乐或歌剧的演奏会，皮埃尔就会潸然泪下。对他而言，生活中的千难万阻让他不得不变得百分之二百坚强，但音乐就如同一根狼牙棒，将他设下的所有心防逐一击破。他不太明白在这真情流露的时刻自己的脑子里到底发生了什么，但他捕捉到了自己情绪的波动起伏。皮埃尔的梦境也许是乘着歌声的翅膀的，他深信这些歌声还能瞬间披上斑斓的色彩。在学校里，在医院里，在公司里，甚至在地铁里！有一天他在广播里听到一则报道，说在地铁里播放古典音乐能减少30%的不文明行为和暴躁情绪。

亚历山大和玛侬在音乐道路上却学到了父亲的优点，经常在家里听音乐。尤其是玛侬，喜欢20世纪80年代的音乐，但当皮埃尔路过她房门口的时候，也不止一次听到女儿在里面哼唱她这个年代的流行歌曲。小妙人儿玛侬还没完全放弃听这些歌。亚历山大也单曲循环了很多偏电子的音乐，甚至连小纳坦也喜欢跟着此起彼伏的音符扭来扭去。必须要说，在纳坦还没呱呱落地之前就已经被音乐包围了——当他还在妈妈肚子里的时候，阿萨和皮埃尔就已经习惯给他听各种各样的音乐了！在这样的家庭音乐氛围中，皮埃尔很陶醉，就是沉迷其中的那种陶醉。玛侬和阿萨组成挑战队，亚历山大和父亲则永远落后一程。临了，皮埃尔总是乐呵呵地举白旗，嘴上宣称他喜欢看他生命中最爱的女人们释放自我，赢得胜利！

在教育孩子方面，皮埃尔在饮食教育上输了一局，但在音乐教育中又扳了回来。他深信，自己没输。此外，广播里还说大脑是可塑的，他不禁笑了，他觉得自己的脑子是可以揉捏的。我们的味觉、感觉、行为终我们一生都在不断变化，而这些又在不断重塑我们的大脑。合着这脑子不是你自己的？！皮埃尔迫不及待地想给孩子们找米其林三星级的芯片植入大脑！

体育运动锻炼了孩子的大脑

很多人都知道坚持一项运动有益于身体和脏器的健康，运动对大脑的奇妙作用却鲜为人知。不过神经科学家对此问题的研究已经蔚然成风！在法国国家健康与医学研究院（Inserm）研究员弗洛伦丝·索拉里（Florence Solari）看来，“体育锻炼不仅有利于神经元数量增加，还能增进它们之间的联系，同时能刺激白质中的支持细胞，即为神经元供应营养的星形胶质细胞。一旦神经元获得充足营养，其毛细血管就能汇结成网，为神经元输送必要的血液和氧气，促进毒素排放[①]”。

有规律地进行适度体育锻炼，尤其能促进大脑海马体中相关神经元的生成，即前文提到的与记忆和学习能力相关的神经元。当人体进行体育锻炼时，肌肉会产生一种名为“营养因子”的化学物质，其能够通过血液作用于大脑，刺激干细胞生成新的神经元。另外，体育锻炼还能通过促进脑供血从而极大提高大脑含氧量，为脑细胞提供补充营养，同时排出毒素。效果就是：孩子的认知水平大大提升，尤其是学习能力和注意力得到极大增强。除此之外，坚持体育锻炼还能提高睡眠质量（由此提高长期记忆能力）、提升焦虑情绪管理水平，若孩子经常参加集体运动，还能增强社交能力。总而言之，孩子们的认知

① 摘自弗洛伦丝·索拉里《观点》杂志采访，2013年9月刊。——译者注

能力、情绪管理能力、社交能力、应变能力、空间感和运动能力都能在体育运动中得到充分提高。从神经生物学角度看，让孩子们坚持体育锻炼也是不可或缺，有百利而无一弊的。

适合孩子的体育锻炼

建议一： 除了参加学校组织的体育锻炼之外，让孩子选择一项自己喜欢的运动——家长千万不要越俎代庖帮孩子做选择，否则适得其反，反而让孩子生出厌恶情绪，期末肯定就放弃了。类似“是的，但是这是为你好”的教育模式是有局限性的。难道你喜欢别人不征求你的意见就强制你一整年进行一项运动，还口口声声说是为你好？答案显然是否定的，己所不欲，勿施于人。所以，先给孩子机会体验各项目的不同，然后让他们自己做决定选择要参加的体育项目。个人项目也好，集体运动也罢，总之都能培养孩子的处事能力和社交能力。

建议二： 运动项目的选择，必须适合孩子的年龄以及身体发育情况（例如，孩子在进入青春期前不适宜进行肌肉训练）。尤其注意如跑步之类的耐力运动，从本质上讲，会对身体有所损伤，并会过早地透支关节。不妨在游泳、自行车二者中择其一进行，这两项运动均有助于孩子的成长发育。

建议三： 避免让孩子在大晚上进行体育锻炼，因为运动会提高人体脏器温度，可能对之后的睡眠造成影响。

建议四： 从理论上讲，运动结束的24小时后，孩子的认知水平会达到顶峰，所以要知道像在考试周这样最容易焦虑的敏感时刻，体育锻炼并非是奢侈品，而是孩子的必需品。

音乐让孩子更聪明

在这个世界上，有一种能促进孩子（和我们）大脑健康的神奇物质，那就是音乐！正如荷兰神经心理医生艾瑞克·谢尔德（Erik Scherder）所说："音乐不只涉及大脑的某个单一部位，整个大脑都参与其中，正因如此，音乐才独一无二。这是屈指可数的几项能够同时调动大脑不同区域的活动之一。听音乐能活跃许多系统的神经联系，而自己演奏音乐则能调动更多，因为大脑主管运动和视觉的部分也会参与其中。[①]"

由此可见，相较于单纯地听音乐，演奏音乐更有助于大脑的开发。有一点要着重说明，不要管演奏水平如何，我们的目的也不是为了让孩子成为音乐家。事实上，许多研究已证实，音乐对大脑甚至全身脏器都具有不可思议的益处，如降低心率、防止心跳过速、减少皮质醇（压力激素）分泌、提高免疫力等。

音乐对儿童大脑的影响

关于音乐对孩子成长积极影响的研究，可谓浩如烟海。有研究对一群上音乐课的6~9岁儿童做了 调查，结果显示："总体来说，这些孩子的表现更优异。音乐实践使他们的大脑胼胝体（即联系左右大脑半球的部分）更厚。因此其左右半脑的协作也会更加顺畅，脑子会更灵活。"从神经生物学和神经解剖

① 摘自艾瑞克·谢尔德访谈《音乐，如何让我们的大脑欢喜》，*Psychologie positive*增刊11号，2018年2月。——译者注

学角度看，演奏音乐和聆听音乐能从多个方面有效地调动大脑，包括改善左右脑半球神经联系、刺激多巴胺奖赏通路和动机通路（多巴胺生成于脑干，继而进入整个大脑，使我们感到愉悦且充满干劲）、刺激大脑主管运动的区域，使人产生翩翩起舞的欲望等。不仅如此，大脑中的音乐区域还与负责语言的区域紧密相连。演奏乐器或聆听美妙的乐音还能使孩子们提高对阅读和口语表达的学习和掌握。最后，艾瑞克 · 谢尔德还强调，该研究显示“上钢琴课的孩子，其前脑和后脑之间的联系更加活跃，从而有效促进这部分孩子共情能力的培养。定期聆听或演奏音乐也能让你变得更加可爱、平和和积极。”

音乐对胎教的作用

正如法国勃艮第大学“大脑、音乐、认知”讲席教授兼研究员艾曼纽尔 · 毕刚（Emmanuel Bigand）所言，妈妈哼唱的声音对腹中胎宝宝神经系统的发育起着无与伦比的作用。在宝宝社交逻辑形成的初期，这种具有交流作用的音乐能对情感氛围的营造起到决定性作用。有趣的是，结果还显示，如果妈妈在哼唱歌曲的同时手头还在忙其他事务，即便是同一曲调，腹中胎宝宝也无法感受音乐的益处。是的，胎宝宝不喜欢一心多用，必须一心一意！由于音乐对新生儿的神经生理具有显著影响，目前音乐疗法在新生儿科中已有所发展。尤其对于早产儿，比如在法国第戎克雷伊的多家医院，音乐就被用于新生儿护理，缓解初生婴儿的紧张情绪，增强生命力，提高孩子的注意力。

音乐，儿童教育的支柱

得益于神经科学的研究，我们已更深入了解了音乐对儿童大脑发育的积极作用，认识到音乐教育的重要性，认为其应该处于教育布局的核心位置，而非只是锦上添花的备胎。音乐的陪伴在孩子的日常生活中至关重要，而且也要从娃娃抓起。2017—2018学年，法国国民教育部决定让音乐课重返校园，我们不应只把这一决策视为一个装点门面的花架子或者觉得它是形式主义，而是应该认为这是对音乐这门学科的认可，对其促进儿童成长发育突出作用的认可，对其维护社会和谐发展重大作用的认可。

聚焦Démos计划

Démos计划，全称Dispositif d'éducation musicale et orchestrale à vocation sociale（音乐和管弦乐教育推广的社会使命），诞生于2010年，旨在为城市中下层和农村青年创造加入管弦乐团演奏乐器、接触古典音乐的机会。自创立之日起，该计划已为全法国培养了近3000名孩子。

除了加强青少年间的社会融合（提升孩子们的协作能力、共情能力、责任意识和团队精神），该计划还能提高孩子们的执行力（包括记忆力、注意力、学习能力等），尤其对于那些学习成绩欠佳的孩子更是实现自我价值的一剂良药。

此外，Démos计划还能让孩子们学会体察、感知、表达自身的情绪和感受，项目指导老师在培养孩子的过程中还会加入“情绪亮相”的内容，帮助孩子逐渐认识自我。最后的数据也让我们震撼——参与Démos计划的孩子中有一半人最后都考入了专业音乐学院。真是太棒了！

25条神经专业小贴士，助力孩子大脑发育

1. 保证孩子每天8小时睡眠。
2. 随时给孩子温柔的抚慰。
3. 尽量鼓励孩子与他人交流互动。
4. 鼓励孩子每晚在日记本上手写《一天中三件幸福的事》。
5. 尤其关注孩子的饮食。
6. 和孩子一起烹饪。
7. 用餐时杜绝一切电子设备和电视机。
8. 鼓励孩子每周进行2～3次、共计约3小时的体育运动。
9. 鼓励孩子对所学课程进行片段式、滚动式复习，并且在晚上睡前进行最后一轮复习。
10. 通过肯定孩子在学校的努力和付出，鼓励孩子好好学习。
11. 不以一时成败论英雄，告诉孩子，眼前的失败是未来取得成功的必经之路。
12. 文化知识教育和素质教育永远在路上。
13. 从出生起就给孩子听外语。
14. 和孩子一起玩耍（棋类游戏、战略游戏、积木类游戏等）。
15. 教会孩子用积极乐观的眼光看待生活，善于观察事物的美好一面。
16. 和孩子一起开怀大笑。
17. 学会珍惜自己。
18. 学会坦然自嘲。

19. 每天和孩子一起做呼吸练习（心脏操）。

20. 每天在家听音乐。

21. 给孩子报一些音乐课、声乐课和/或戏剧课。

22. 定期和孩子一起踏青郊游，亲近自然。

23. 给孩子做一些嗅觉和芳香学训练，刺激孩子嗅觉。

24. 带孩子走进电影院、博物馆、展览馆、剧院。

25. 用尽全力爱孩子!（即便有时他让你很头大）

19:00

孩子们，作业做完了吗

提升孩子的学习能力

“我时刻准备着学习，但是我不喜欢别人给我上课。”

——温斯顿·丘吉尔

督促孩子们写作业并非皮埃尔的强项。老实说，这事让他烦透了。孩子就应该自己管好自己。而且他还从家族遗传角度认定，亚历山大和玛侬都已经大了，到了能管好自己、知道自己要什么的年纪了。这对玛侬而言都不是事儿，父亲的放养模式太合适玛侬了，她根本用不着任何人来对她说要做什么。别看她年纪不大，但自我管理这门学科她学得真是十分到位。而亚历山大呢，这些年来，却一直在学海里浮沉，学习成绩忽上忽下。作为一名高三理科生，占分很高的数学和物理两门科目完全不是他的强项。他讨厌这两门课，所以毫不意外，学起来非常费劲。皮埃尔很懊悔前几年分科的时候没让儿子选“经济与社会科学”方向，当初因为亚历山大对高中毕业之后干什么也没特别明确的想法，所以皮埃尔就跟儿子说选理科今后专业选择面大，比较稳妥，而且在亚历山大想清楚之前也不会有什么变数。但当爹的千算万算，却漏算了儿子对数学物理的厌恶竟然如此之深。这万恶的高考[1]啊，本不应该如此形式主义，却迅速变成了所有人的苦难。

① 此处的高考为法国高中毕业会考。——译者注

要亚历山大专心学习，对他而言就是人世间最大的痛苦。他人坐在书桌前，心却永远分给各路短信、聊天室和脸书，他无法在自己的作业上专注超过2分钟时间，再加上他本来就对这些科目不感兴趣，可以说连这2分钟都无法得到有效利用。看亚历山大学习，皮埃尔觉得就算儿子在书桌前坐十七八个小时，他脑子里都学不进一丁点儿内容。他人在那儿，却又不在那儿，心思全都泡在了从早到晚不断涌进来的信息里了。亚历山大这次测验没及格，现在他的当务之急是找到一套更有效、更适合自己的学习方法，不然他高考注定要完蛋。

当亚历山大的处境如此棘手复杂时，作为父亲，皮埃尔经常跟他说“把蛋糕切小块”：我们要首先解决最重要的问题，而不是想着一口气吃成胖子。这套策略他通常使得不错，尤其是当年他同时面临和弗洛伦丝离婚、自己生病、工作不顺的时候。这套时序法的要点就在于，不要让自己被无穷无尽的任务吞没，而是要劲往一处使，集中力量办好一件事。加之，皮埃尔的经验告诉他，解决问题的势头好比劈柴，也就是说，当第一个问题解决之后，通常会产生多米诺效应，后面的问题也就能够十分幸运地迎刃而解。对皮埃尔而言，主观能动性的管理十分重要。积极性好比一条河道，自己是人生航船的舵手，当积极性低的时候，应该以最快速度往河道里补水，使水位再度高涨，然后再思考新的航向。当积极性高的时候，要注意维持，别让水位回落，同时集中精力，不要让大船偏离正确航道，然后就可以乘风好去直下看山河。一切的一切，关键在于能够提前预判风向的变化，从而在人生的航道上占得先机。

眼下，亚历山大和玛侬兄妹俩的主观能动性可谓天上地下，但这并不表示这俩孩子就此定型了。用老父亲皮埃尔的话说，最坏的可能，就是这俩孩子一个永远处于失败者位置，另一个永远占据成功者的高度。生活是变化无常的，皮埃尔已经尝尽了个中滋味。没有什么是一成不变的，没有什么会是永恒，彩云易散琉璃脆，没有任何东西能够天长地久。所以一定要防止孩子们落入生活的陷阱，不能让他们思维固化认定一个永远是差生，一个永远是三好。尽管亚历山大目前学业上遇到困难，但他拥有很多妹妹玛侬不具备的好品质，尤其是人际交往能力。他的潜力还未被发掘。他只在自己想找东西或为早起找借口的时候才会展露这方面的才华。再观玛侬，她的确很出色，但她独特的性格和曾经的经历会让她永远忘不掉那个特殊时刻，这使得她必须脱离前人铺就的康庄大道，去找寻一条属于自己的道路，而这条路注定崎岖不易。如果脑袋聪明就能拥有美满幸福人生，世人早就能洞悉奥秘了。世事无常，皮埃尔经常这么告诫亚历山大和玛侬，想让他们更充分地准备好迎接未来的人生。当然，皮埃尔有时也不否认自己孩子成长过程中也需要安稳和笃定。无他，肯定是在人生的航船上晕船了。

纳坦，用他托儿所所长的话说，是个“在他这个年纪非常清醒”的小朋友，这个评价不得不让皮埃尔和阿萨一下子笑出来，因为一整套常规程序好像都轻轻松松走下来了，只为最后得到这么一句话。阿萨小心翼翼地遵循着纳坦的生活节奏，比如他的学习节奏、作息节奏、饮食节奏等。当下风靡一时的幼儿教育模式，说要持续高强度刺激孩子，让他们变成小天才云云，和他们家毫无关系。他们夫妻俩要孩子并不是为了病态地复刻自己，或者为了找个精神寄托，只是纯粹地彼此相爱然后有了这个小人儿，在他们眼中，这个孩子是生命最成功的延续，也是他们爱情的结晶。纳坦仿佛一块真正的海绵，他的感官始终处于警觉状态，他学习速度之快令人咋舌。他自然而然就掌握了母语，当然亚历山大和玛侬每天都逗他和他玩耍，这对纳坦的开发也是功不可没。正如上次夫妻俩带纳坦看医生时，那个爱开玩笑的儿科医生对他们说的：“今天试试，作为成年人，在没有任何帮助的情况下学一门语言，然后10个月之后再来找我，你们就能看到自己和儿子的差距了！”这个观点没错，幼儿学习新事物的容易程度的确令人叹为观止，远远超过成年人。用那位儿科医生的话说，这是一个大脑可塑性和突触的问题。皮埃尔和阿萨不确定自己是不是都听明白了，但在内心深处是不屑的。其他都挺好的，就这么一个问题。

阿萨清楚纳坦在什么时候会乖乖听话，知道儿子的脾气和家庭氛围密切相关，和家人们的焦虑程度密切相关。作为一名出色的记者，阿萨查到了这种情绪间无意识的交流与一种名为“镜像神经元”的神经元的活跃程度密切相关。简单来说，小朋友会吸收自己身边的一切东西，包括人与人之间像病毒一样蔓延的情绪状态。所以皮埃尔和阿萨要做的，就是在任何情况下都维护好他们这个小家的平静祥和。他们也正是这么努力的，日复一日、周复一周、月复一月……时时刻刻注意着、守护着。当然，世间没有一蹴而就的事，但皮埃尔、阿萨、亚历山大、玛侬和纳坦一步一个脚印，遵循他们的想法和梦想，构筑着一家五口来之不易的幸福……

充满耐心，满怀爱意，饱含热爱！

大脑在学习过程中的敌与友

我们大脑和学习之间有着一种非常特殊的关系，总之就是十分微妙。一方面，大脑谁都不爱，只想躺在已经掌握的知识上面，开启自动模式节省能耗。另一方面，大脑只有通过不断学习新知识，刺激自身的可塑性，促进新神经系统和突触联系的生成，才能获得发育成长。

大脑可塑性的巅峰是人类生命最初几年的婴幼儿时期：每秒钟都有数以百万计的突触新生和消亡。与长久以来广为人知的理念相左，婴幼儿并非一张普通的白纸或一块能够开足马力吸收一切的海绵，一切刚好相反，神经科学研究员斯坦尼斯拉斯·迪昂（Stanislas Dehaene）就曾精辟地称他们为“正在花时间做实验的超级数学家、天才统计学家、未来科学家[①]”。这一对婴幼儿大脑的崭新理解得到了众多相关研究的印证，其也是目前学界复杂的先天和后天之争的基础问题。按迪昂所言“婴幼儿的大脑中拥有大量可能的理论和假设空间——此为先天部分。很快，当孩子带着这些理论和假设去面对外部世界时，他就会摒弃其中无用的，而保留最有用的——此为后天部分”。所以如果孩子把所有东西都扔地上，千万别吼他，他只是在探索万有引力！只可惜，这种无与伦比的大脑可塑性会随着年龄的增长逐渐减弱，使得我们学习起来更加吃力，更加不自然。这也

① 摘自斯坦尼斯拉斯·迪昂为自己新书*Apprendre ! Les talents du cerveau, le défi des machines*出版接受的访谈，法国《快报》杂志2018年9月4日刊。——译者注

就解释了，比如为什么成人（哪怕青少年）学一门外语都会十分困难。

保持我们孩子大脑活力的最大关键就是找到平衡，一方面巩固好已学知识，另一方面不断接纳新事物。当然，因为孩子们的大脑还无法做到随时随地学习，也达不到随便用什么方法都能学的程度，所以为了让这些小脑袋更有效地学习，我们还是要创造一些有利条件。为了行文简洁明了，下文我们仅列举几项利于儿童学习的必要条件。

学习的五大要素

实践出真知：做中学，学中做

首先要说的就是，孩子的大脑结构可不是让你先花好几个小时填塞车载斗量的理论知识，再去实践（当然，针对这一问题，每个孩子的情况也不尽相同）。坦白地讲，被动的大脑是不会学习的。孩子的注意力是很容易分散的，何况他们还会被不断涌入的碎片信息轰炸，尤其是被其中他们自认为（无论错误还是正确）比较性感的信息分心（比如短信、社交软件等）。所以如果老师上课时不使用一些吸引学生注意力的元素（就是吸引他人注意力的各类交流技巧，比如可以设计一些小惊喜、幽默小故事，或加强语音语调的抑扬顿挫等），是很难吸收孩子的目光的。但实践能迅速调动大脑中现有的神经系统，并促进新神经联系的生成，如果只是每天懒洋洋地瘫在沙发上，这点是很难做到的。对大脑而言，只要孩子进入对一切充满好奇的学习者状态，那么“从测试中学习”就是最迅速有效的学习方法。当然，过程中难免遭遇失败，但是换个角度看失败乃成功之母，能让孩子从中吸取教训，不断突破自己取得进步。这就对老师和家长提出了要求，要求他们带孩子进行“错误反省”必须有速度、有准度、有温度、充满正能量，尤其要让孩子认识到这次栽的跟斗是他健康成长道路上不可或缺的一步。

斯坦尼斯拉斯·迪昂曾对此做过精辟论述：“人如果不从失败开始，是不可能获得进步的！”（这一过程对成年人同样成立）。反之，如果家长一味把反省错误视为惩罚，但凡孩子没达到自己的期望，动辄向孩子抱怨撒气，那对孩子的学习能力和与生俱来的好奇心都将是毁灭性打击。

游戏（游戏化）

从神经生理学角度看，将游戏引入学习过程的重要性很容易解释：当我们做游戏的时候，大脑海马体（分管学习的区域）会充满多巴胺，使该区域更渴望投入实践体验。这样的“多巴胺预热”能使海马体更清楚地知道自己的职责，即学习和记忆。

仁爱之心

仁爱之心也是好好学习的极重要条件。如果置身一个焦虑压抑的环境，学生大脑中的恐惧通路就会占据上风，损害奖赏及动机通路的作用。如此一来，大脑中所有的能量都会被抽调去抵御外部的威胁，从直观上看，孩子就会出现攻击性强、逃避或自我压抑等行为。照此情形，孩子的大脑怎么可能还有时间和能量去学习呢？！

复习

在对一门学科进行整体复习的时候，将新学的知识进行梳理实乃最有效的学习方法。依然来自斯坦尼斯拉斯·迪昂，他强调“将学习任务分配在若干天进行，可以达到事半功倍的效果：事实显示，如果对知识进行定期复习，相比只复习一轮，我们对知识的记忆可以加深3倍”，每轮学习的间隔能有效提高大脑的活跃度，使其不再只局限于储存在工作记忆中，而能进入长期记忆通路。美国心理学家哈尔·帕施勒（Hal Pashler）的研究也已经证明，如果孩子希望在几天或几周内回忆起某个知识点，他就需要每天复习，且最好在晚上临睡前复习，才能在睡眠中（尤其是深睡眠阶段）将该知识点充分巩固。如果他想在更长的时间段内（几个月）储存该知识点，那他应该采取渐进式滚动学习法，即开始阶段每天复习，然后不断拉长复习间隔对知识点进行回顾。

巩固

巩固就是大脑把原本需要缓慢、有意识、需要思考分析的甚至觉得有难度的信息变为迅速、无意识、自动出现的常规信息的过程。通过不断巩固，孩子就能将有限的精力和大脑前额皮层容量释放出来，从而潜意识地驱动大脑亚皮层中名为“基底核”的区域进行新的学习。举个例子，好比你家里的大小伙子第一天去驾校学车，一节课下来十分心累。不要惊讶，这只是因为他的前额皮层在这节课中始终处于过度兴奋状态，所以他下课后必然会筋疲力尽，人的精力都是有限的。但过了一年之后，当他驾驶时间已达几千小时，小伙子肯定不会再觉得那么心累了。因为在这一年时间里，他对驾驶已经驾轻就熟了，再也不会“榨干”大脑意识了。这一从有意识到潜意识的反转至关重要，正是这点让我们的孩子能够腾出更多有意识的能力投入新知识的学习（大脑的执行功能）。

学习的刹车键

多任务模式

大脑的各套神经系统通路之间是相互竞争的关系，所以人只能在一段时间做一件事，或者连续做几件事。号称或者假装能同时做几件事，从大脑科学角度看，只是一场镜花水月。但有一点是确定的，如果接连不断地对孩子施加学习任务，必然会给孩子的前额皮层造成过重负担，导致孩子迅速出现精神疲劳，表现力随之减弱。在这条有关注意力集中度的基本法则中，只有一个例外，就是同时做的两件事中有一项对大脑来说已足够熟悉（已出现潜意识行为），不必再花费特别的认知努力（比如在听了一千多遍的背景音乐声中工作）。在此情况下也只可能在此情况下，这种靠潜意识便能完成的动作能够助力孩子提升认知表现力，同时激发出他们最大的创造力。

信息过载

孩子（包括我们）的大脑从早到晚、从晚到早都在被灌输各类信息、数据、通知、要求、各种各样所谓重要且急需处理的事件。这样源源不断的信息风暴极大地分散了我们的注意力，使大脑无法对信息进行有效的分级和归纳，也让我们在必要时失去了说“不”的能力。大脑做得到（或者觉得自己做得到），但已不再清醒；大脑每天都在各种事情里跳来跳去，却再也无法集中精力抓重点；大脑已在一大堆鸡零狗碎里迷失了自己，不再拥有高屋建瓴的大局观；大脑失灵了，它走上了不归路。不，孩子的大脑不是一只让你往死里硬塞的箱子，或者用蒙台梭利的话说，是一只要填到瓶口的瓶子。要想走出这个逻辑怪圈，找回头脑清醒条分缕析的感觉，有一个好办法就是做呼吸/冥想练习，大人做，孩子也要从小带他做。冥想，是一项有助于儿童大脑发育以及成年人大脑健康的必要练习。

ATOLE计划：上课的注意力

注意力是一切学习的基础：没有注意力，就没有记忆力，没有记忆力，学习便无从谈起。故而，对每位教师而言，如何持续抓住班上孩子们的注意力都是头等大事。若教师本人没有受过这方面的专门训练，那挑战则更为艰巨。至于学生，他们中的大多数人都对如何最大程度集中自己的注意力一无所知，各种原因不言自明。在传统教育体制里，咱们见过教孩子们大脑中与学习相关的机制了吗？见过教孩子怎么调动注意力了吗？没有！很可惜。

ATOLE计划（在校专心学习）由让-菲利普·拉雪（Jean-Philippe Lachaux）和他的里昂神经科学研究中心团队发起，法国国家科研署资助，参与资助的还有奥拉托利会学院、圣母走读学校以及法国罗讷省和卢瓦尔省的众多公立学校。该项目旨在利用认知神经科学的前沿研究成果，帮助法国青少年提高在校学习期间的注意力。其特别之处在于，能够吸引6~18岁的孩子参与，而非仅限于那些注意力难以集中的孩子。该计划提出，每个学生都能够通过训练将注意力掌控到最佳状态，从而让他们直到成年踏入职场都能长久受益。这一训练计划实则是卡罗尔·德韦克之前在自己书中提出的“成长型思维”方法的衍生版本，无论天赋几何，都强调个人持续发展。

个性化实践工作坊

法国国家科研署在官网上明确写道，这项实践计划以工作坊形式展开，针对不同阶段学生特点和教研联合设计方案成立工作坊。该计划主要包含三大核心。

- 向学生讲解注意力的生理学机制，帮助大家更好地了解注意力的好处和弱点，带领大家关注“注意力”的重要性。通过这一步理论教学，引导学生对自身的注意力产生兴趣，从而关注注意力，最终有意识地提高自身注意力。

- 教学生如何理顺头脑中的一团乱麻，教学生“意识到注意力的争夺，从神经层面看，迫使我们在同时出现的多项不可兼容的认知过程中做出选择，然后按轻重缓急将其有条理地按时间先后排序，而不再并行排列。[①]”换言之，只有学会区分事物轻重缓急，才能充分利用注意力。

- 提升学生的注意力平衡感，教会孩子尽早察觉并弥补注意力分散的一些最初信号，“这得益于不断进步的大脑察觉行动自动感应机制，其能将所有分心都转化为身体的行动力”。

法国国家科研署强调，这些工作坊的效果“可从质和量两方面衡量，得益于国家科研署的一个神经科学项目，我们目前正在对学生的注意能力进行标准化和量化”。

今后，工作坊形式还将加大覆盖力度，推动尽可能多的学校加入进来。法国国家科研署如此总结道：“这是一个宏伟的计划，旨在关注在校学习时的注意力和注意力管理问题，此举目的不仅在于提高学习成绩，更是为学生

---

① www.agence-nationale-recherche.fr/Projet-ANR-13-APPR-0011

们未来步入成人世界做好充分准备。”这一持续数年的计划在教师、培训师、课外培训机构及体育教练等的鼎力协助下，已经在教育界步入正轨，逐渐生根。

衷心期望该项目能长长久久，甚至开宗立派！

20:30

开饭啦

让孩子茁壮、幸福成长

"你喜欢讲道理还是喜欢幸福？二者不可兼得！"

——马歇尔·罗森博格

非暴力沟通组织创始人

皮埃尔一家的一天很漫长，而且还有点不平均。每个家庭成员在度过辗转难眠的长夜后，都投入到一天纷繁复杂或十分单调的事务中去。因为你会看到亚历山大整天都杵在屏幕前。当然，他也会保存体力，把自己最好的状态留到即将到来的美妙夜晚。皮埃尔和阿萨还是和往常一样，一头扎进各自的工作、孩子们和小家，亚历山大循规蹈矩地“管住自己”，玛侬回到自己的小世界，至于纳坦，依旧用他永远在躁动的小脑瓜一遍又一遍地打量着每个家人所有最不寻常最搞笑的一举一动。

晚餐时间是一家人雷打不动的团聚时刻，每个人都可以借此机会讲一讲白天遇到的让自己印象深刻的事。全家就像排演戏剧一样，各就各位进入自己的角色：多愁善感的、美艳动人的、机灵狡黠的、稀奇古怪的，还有一个小不点负责品咂全家最后投来的充满爱意的目光。这是一个全家专属的时刻，除非遇到极其剑拔弩张或特别疲累的时候。一旦遇到这种情况，每个人就会喋喋不休说自己的事，不断抢占其他人说话的机会，也完全听不进别人的话。当每位演员都过度沉浸在自己的情感中时，他们的戏就演偏了，每个角色都说着剧本上没有的台词，这部家庭戏的可信度和合理性也就大大降低了。每当出现此情此景，每位演员都带着内心无尽的孤独和悲伤，想离开这个令人沮丧的舞台。皮埃尔因为自己原生家庭家人之间的关系极度紧张，他觉得自己现在也无法更好地处理这类复杂场景。但是，重担依旧压到了他的肩头，因为他才是一家五口的主心骨，是家中的最年长者，也是人生阅历最丰富的人。所以他怎么能让自己的情感、恐惧、有限的信仰和某些坚持放任自流？他经常对自己说，自己话太多了，自己没有做到足够倾听，对于围坐桌旁的四位家人，虽然自己爱他们超过一切，虽然他们是自己生活下去的真正理由，但自己没有做到对每个人都付出足够的关心、关注和关爱。于是他承诺，一定要努力让自己成为一个更好的爸爸，一名更好的伴侣，以及纯粹地成为一个更好的人。在他早年的生命里，从未享受过生活馈赠的礼物，那时的他永远在战天斗地。“战斗”模式在他年轻的生命里留下了深刻的烙印，尤其在他与别人的关系中。他曾习惯于扮演“掌控者”的角色，从不流露感情，从不展现自己的脆弱，不想倒下，他只能让自己坚强起来。从这个层面讲，如今的皮埃尔非常理解他的小女儿玛侬，小小年纪的她也已经经历过生死和孤独。这种难以名状又难以为外人道的痛苦煎熬让父女俩的心前所未有地贴近。皮埃尔原本可能就这样形影相吊、玩世不恭地过一辈子，原本他的结局可能早已注定。但是，先是他的孩子们走进了他的生命，继而阿萨也和他携手，他们让他开始发掘自己内心所有静待释放的爱意。最终，皮埃尔蜕变了，他卸下了自己一层又一层的铠甲，挣脱了重重束缚，开始做回了自己。他自以为已步上正轨，但他同时也意识到，路漫漫其修远兮，一切都将取决于他如何把精力和无条件的爱分配给这些他深爱的人：亚历山大、玛侬以及纳坦，当然还有那个他之前的生命中从未经历过的她——阿萨，正是阿萨教会了他，绝对的爱不仅仅只存在于血缘关系。

今晚，皮埃尔有千万个理由抱怨和烦躁，特别是看到亚历山大、玛侬和纳坦都不按要求好好吃饭，要么在那里自作主张，要么挑三拣四。这顿晚餐的氛围显然并不融洽，与“其乐融融”相去甚远。当然，不愉快的原因解释起来有千千万万，有些表面上看还挺合理的。但是皮埃尔不想找任何借口，因为细想起来任何借口都不成立，都不可接受，除非他想让每个人都各自回房黯然神伤。今天一整个下午，皮埃尔都在问自己，怎样做才是最优解。最后他得出结论，帮助正处于复杂青春期的亚历山大，最佳办法是向他展露更多的爱和信任。他得出结论，加强和小女儿玛侬的关系，最佳办法是倾听她的心声，尤其要尊重她一切的特立独行。他得出结论，爱纳坦，最佳办法是耐心而平等地领着他温柔地走进世界。最后，他还得出结论，证明自己对阿萨的浓浓爱意，最佳办法是用尽一切办法让她一天天变美，让她绽放得更加绚烂。皮埃尔的这个下午绝对没有虚度，从今往后，他家的晚餐只会更加其乐融融！

与孩子们的晚餐时光：如何避免一出心理大戏

每当家庭关系紧张的时候，要说哪个时间点尤其微妙难控，那肯定就是饭点无疑！因为所有失望情绪都会累积到此刻，所有不满和不理解都静静地等着上桌吃饭的时候集体发声。一方面是父母命令孩子们吃他们规定的菜，另一方面孩子们又有自己的主意，双方不是每天都能轻易达成共识和妥协的。最后亲子对立，家庭战争一触即发。然后这场战争又不可避免地会波及父母自己的情绪，使他们身心俱疲，甚至加剧夫妻之间的矛盾，直到事后又心生愧疚，悔不当初。此情此景大家想到了什么？最终永远绕不开这个问题：为什么我们会走到这一步？

当今生活给我们造成了过重的精神负担：工作压力、工作时长、家庭重担，要你有三头六臂、要你为事事担责、要你能时时保持领先……原因众所周知，我们没有理由不干，因为大家都是这个时代里的活超人！在这个疯狂的大环境里，晚餐时间变成了家庭生活的关键节点，许多事情都在晚饭桌旁上演。因为父母在匆忙的早晨和整个白天的辛苦工作后，终于能真正看看自己的孩子了。于是一个小时晚饭就变成了对整个白天的弥补！但要做到真不容易，所有期待、诉求、希望都在此刻一股脑涌来：要做严父慈母，要关心孩子是否无恙，关心孩子的成长，关心孩子是不是有所进步……这些都是从放下手里的饭碗为标志开始的！家长们持续不断的高压，实则是他们对孩子失败的恐惧和自己失职的愧疚，而这样的高压到最后便如同晚饭桌上的超级病毒……真是感谢镜像神经元啊，从神经层面看，它让大脑情感传播越发两极分化，积极的越积极，消极的只会更加消极。

所以，当家长先看到孩子没有乖乖地按规矩吃饭（当然所谓规矩都是家长自己定的），再看到他们挨了两句骂就要哭，真是会情绪失控、气不打一处来的。于是，一顿本应合家欢乐尽情分享交流的温馨晚餐，就变成了全家的心理大戏，最后总以屋里此起彼伏的摔门声而告终。要想平复家长心情的唯一办法就是，为这个烂摊子找一个理由，我们肯定又会听到那句跨越代际的名言："这是为你好！"

这句耳熟能详的名言真是一代又一代小孩的噩梦。大人们擅自盗取别人做决定的权利，尽管这个"别人"是自己的孩子，尽管这个"为你好"或"对你不好"本身就颇具争议。当我们自己内心也很虚的时候，此刻过多的解释恰恰是权力滥用的铁证。试问，有多少家长了解自家孩子大脑发育的关键步骤？有多少家长能意识到自家小朋友的大脑有多脆弱、多需要呵护、多需要得到正确的塑造？有多少家长能明白，从神经生物学和解剖学角度讲，棍棒言语恐吓下的教育对孩子的大脑发育贻害无穷？又有多少家长知道，孩子大脑中的杏仁核作为恐惧的中心，能够支配人体的无意识情感记忆，而人在0～3岁中遇到的所有打骂和惊吓都会在这份记忆中留下痕迹？！（从3岁起，人类的无意识记忆开始被大脑海马体中的有意识记忆代替，所以我们都是从3岁左右开始记事的，但并不是说0～3岁这段时间的记忆不会存留在我们的脑海中）

当然，在此并非要对家长的做法横加指责，也不想让各位心生负疚感。平心而论，遇到这种情况，绝大部分的家长都已经尽力了。书至此处，我们只想让家长正视问题，意识到自己的行为和目前存在的局限，更重要的是，让大家能够调动自己的知识和能力，为家庭每一个人尽可能地创造幸福。和孩子共同进餐的尴尬着实反映了一个令人扼腕的现实问题：目前，对儿童和成人大脑功能的认识十分欠缺，而且导致了教育方面一系列明显的错误。对此，我们有必要拨乱反正。

简单十招，让晚餐成为温馨一刻

没有任何理由可以让餐桌变成战场。作为家长，也许已经尝试过采取一些“晚餐组织法”，也已经倾尽了自己有限的知识、信念和信仰，用尽了自己从小接受过的所有教育的力量，尽力做了自己认为正确的事。总体来说，有些做法也符合逻辑。但是，一旦亲子对立加剧，显然就需要对方案加以调整。心平气和、顺其自然，毋庸置疑是必须做到的。犯了错就去修正、去调整、去改进，就这么简单。千万不要拉不下面子或者怀有负罪感。身为父母，犯错误在所难免，也是在摸索中前进，在过程中不断修正自己，改变着、试验着、犹豫着，不断反省、不断倾听、不断提出问题，最终我们都能做最好的自己。所以各位父母，大家要带着开放的、充满质疑精神的心态，把上述信息告诉给孩子。人非圣贤，孰能无过，犯错也是人生中不可或缺的一部分，重要的是我们都能从错误中有所进益，不再重蹈覆辙。好在，卡罗尔·德韦克著名的“成长型思维”不仅限于孩子，我们大人同样适用。

在这个世界上，想要解决餐桌上的剑拔弩张，不能靠仙丹，也不存在魔法棒，尽管你肯定十分渴望它们的存在。不过，我们还是有很多合适的态度和做法能将家人们的心再次凝聚起来，然后乘势而上让晚餐桌上再度充满欢声笑语。下文列举了十项做法，各位不妨一试，让家中日常再度温馨舒畅。好了各位，开始煲你们自家的“住家汤”吧！

1 • 深入了解孩子的生理需求：和成年人一样，孩子中也有饭量小者和饭量大者之分。必须在尊重每个孩子自身特点的基础上，与其建立良性的饮食关系。

2 • 当双方就吃饭习惯问题出现争端时，尽可能理解孩子此时的情绪：他感觉怎样？为什么他会有如此举动？他想要什么？请用温和且具有建设性的方式询问孩子的感受，不要给他施加压力，那样只会适得其反。

3 • 帮助孩子认识与饮食相关的状态（如饥饿、过饱）或知识（如食物的口味等），由此学会饮食方面的自我调整：孩子其实比大人更清楚自己的身体需要什么。所以，请尊重孩子的自由，不要施加压力或动辄言语呵斥。本着尊重和理解，相信孩子，引导孩子；带着温暖和亲切，润物无声地向孩子传递价值，成为他们的榜样，孩子自然会仿效。

4 • 务必接受孩子可能不喜欢某样食物的事实。正如卡特琳娜 · 葛甘医生所言：“孩子并非故意不喜欢某样食物，也很难解释他们为什么厌恶某道菜。但是，当家长毫不顾及孩子的口味强迫他们吃某样食物时，孩子就会感觉不被倾听，感觉吃饭如同遭受暴力。于是，孩子的自我了解、自我感知便无从谈起，他们只会按他人的意志俯首听命，最终沦为一个没有自我认知能力的人，并引发一系列性格问题。”

5 · 不要把晚餐桌上的小事闹大。孩子没有把饭吃完不是世界末日，这本就是一件小事，他的生活也好，你的生活也罢，都不会因此陷入困境。不妨打破紧张凝重的氛围，在晚餐桌上玩点游戏、说些趣事、找点新鲜事，让餐桌上重新乐融融。

6 · 摆脱强行说理思维。是否能不惜一切代价讲清道理，或是否能在饭桌上保住家长的面子，这些都不是重点，我们的关键是营造一个积极、有爱、充满信任的亲子关系，帮助孩子健康成长。

7 · 相信自己。尽管为人父母，但也不要勉强自己，学会心疼自己，能把自己力所能及的事做好，就够了。不要被别人的眼光所左右，不要被身边的批评苛责所影响。众所周知，现在社会上充斥着各种专家和“完美父母”，他们正是始作俑者。

8 · 无论多么心累、多么濒临崩溃，都要简洁平和地向孩子说明自己的感受，从而迅速平息饭桌上的对立情绪。

9 · 一旦过程中自己情绪管理不到位，甚至失控，事后务必向孩子道歉。从而让孩子明白，无论是肢体还是精神的暴力都无法解决生活中遇到的问题。

10 · 最后一点，保持耐心。谁说把一个孩子养大很简单？当然不，丝毫不简单，但也很美妙！

够了，别打孩子了

有一个长久以来未曾平息的争议，父母、心理学家、幼教老师、媒体以及各路人士都对之争论不休，这个问题就是，如果小孩淘气、顽劣或学习成绩差，应该打他吗？如果小孩脾气“很犟”，应该对其加以约束，甚至不惜使用暴力手段吗？所谓“棍棒底下出孝子”这种常见的暴力教育是否有利于孩子的健康成长？然后就见每个人都纷纷开始摆事实讲道理，说自己的亲身经历，提自己的宝贵建议，还有那句著名的“在我那个年代……”，仿佛一个特例（肯定是他自己的例子）能放之四海而皆准。此类“摆摊式争论”的背后多少带着某些人向全社会强行灌输世界观的心思，沦为了一场说教式的争论。无止境讨论到最后必然只有死路一条。

这场激烈的讨论存在一个很大的缺憾——少了神经科学的参与，这个缺憾不禁令人惊讶。因为神经科学是研究儿童大脑功能和发育的科学，其最新研究成果能帮助我们精准地剖析打屁股在儿童教育中能否起到积极意义。实际上，从神经科学角度看，这个问题并不复杂。

婴儿出生时，他们大脑中负责情绪（边缘系统）和本能反应（又称“爬行动物脑”）的部分已相对比较成熟，并能控制婴儿的许多行为。相反，负责理性行为的部分，即所谓“高级智慧”（新皮层，特别是前额皮层）还远未成熟。直到孩子长到5岁左右，这一部分才开始发育。但正是这个前额皮层（尤其是眶额皮层和前扣带回皮层），每当孩子“情绪脑”过度活跃之时，它能够充当减速带和缓冲器的作用，让激动之情逐渐平缓，让熊熊燃烧的负面情绪之火得以缓和。还是这个前额皮层，能够让孩子分析自己所处的局面，继而根据情况有自己的判断和感受。依然是这个前额皮层，让孩子能做出合理的行为，在自己的一时冲动和三思后行中做好权衡。换言之，孩子的社交能力、他们的脾气秉性以及情绪调节能力，很大程度上都依赖于大脑前额皮层的良性运转。而大脑的新皮层在人出生的头几年不会发挥丝毫作用，所以如果要求小宝宝闹情绪的时候能理性地控制自己，这本身就很可笑，因为从解剖学角度看，小宝宝并不具备这种能力。故而，如果使用暴力、威胁、恐吓（无论肢体还是言语）等手段管教孩子，只会加重孩子大脑边缘系统（尤其是恐惧反应控制中心的杏仁核）的敏感程度，就好比消防员本意是控制火势，却在烈焰之上浇了一桶油!

如此做法，不仅完全不能解决问题（还会加重孩子的痛苦情绪），而且长此以往还会损害孩子的脑部发育，抑制前额皮层发挥作用，造成“情绪脑”长期处于亢奋状态（特别是通过皮质醇的长期分泌，其会攻击神经元细胞，久而久之对人的精神和行为均造成严重不良影响）。所以，打孩子只会造成双输局面：家庭氛围变得压抑紧张，家长歇斯底里，一边对自己的行为充满愧疚，一边深陷“刽子手”的角色无法自拔，而孩子则陷入了深深的迷茫和悲伤，亲子关系在日复一日中变得支离破碎。

此时此刻，只有科学才能带我们走出这个狭隘的、主观的、充满想当然的方寸“井底”。虽然，神经科学并不能告诉我们孰对孰错，也不会指点我们该做什么不该做什么方能成为标准的“优秀父母”。神经科学只是揭示儿童认知、情绪、情感各个方面的成熟阶段，以及从神经生物学和神经解剖学角度，解释各种各样的教育行为对儿童大脑造成的不同后果。然后各位就尽情发挥，自行总结吧!

面对发脾气的孩子和调皮捣蛋的孩子，请务必保持和善的态度和冷静的思维，尤其还要积极倾听，与孩子对话，尊重他的人身权利。至于各种暴力行为，无论是身体上的还是言语上的，都应弃之不用。只有这样才能让孩子大脑的理性部分成熟起来，更关键的是让孩子明白不能沉浸在自己的负面情绪风暴里，要学会克制自己的脾气。简而言之，帮助孩子成长，务必不厌其烦、务必循序渐进、务必顺其自然，不要急于求成，也不要过于情绪化。日积月累，你就能把家中的气氛变得更加平静温馨、积极向上。

大脑负责理性和情绪的部分在人生前五年逐渐构建起积极关系的问题，是神经科学中最重要的一点，然而也是最不为人知的一点。正因其在儿童认知、情绪和人际发展过程中的决定性作用，所以这一部分每位家长和幼教老师都应该学习。著名儿科医生、亲子关系专家卡特琳娜·葛甘医生曾对此问题做过精辟的概括："幼儿很容易陷入攻击或逃避的本能情绪和冲动。他们尚没有能力对情况进行观察、反思或分析。有一点必须清楚，如果大人对其加以安慰，那孩子闹情绪的时间便不会持续很长。反之，若给予或多或少的暴力斥责，或对其威胁、吼叫，表现得烦躁，或大加惩罚甚至责打，只能获得相反的结果。"

感谢神经科学的研究成果，今天的我们终于可以远离那些老生常谈的、低级无力、充满伪道德的争论。知识万岁！

问答题

你了解自己孩子的大脑吗

问卷

撰写本书的初衷，是想提供一些实实在在的、能帮助我们理解孩子大脑功能的重点知识。那各位掌握一二了吗？来吧，我们做个小测验检验一下！

1. 胎儿大脑神经细胞什么时候开始发育：

   A）怀孕1个月之后　　B）怀孕3个月之后

   C）怀孕5个月之后　　D）怀孕7个月之后

2. 新生儿大脑突触联系的活跃度为：

   A）10%　　B）30%　　C）50%

   D）70%　　E）90%

3. 哪个年龄段是大脑可塑性（即大脑生成新神经元系统）的最高峰：

   A）0～5岁　　B）6～11岁　　C）12～17岁

   D）18～25岁　　E）25岁以后

4. 大脑在几岁时最终成形：

   A）3岁　　B）7岁　　C）12岁

   D）18岁　　E）25岁

5. 电子屏幕（即平板电脑、智能手机、电脑等）对幼儿（0～3岁）大脑具有积极影响。

   A）正确　　B）错误

6. 任由婴儿长时间哭泣能使其学会控制自己的情绪。

   A）正确　　B）错误

7. 电子游戏会使青少年大脑：

A）受损　　B）受刺激　　C）受损并受刺激

8. 负责大脑执行功能（思考、分析、语言、记忆等）的前额皮层，在青春期才开始发育。

A）正确　　B）错误

9. 在课堂上引入适量游戏，有助于改善儿童的学习和记忆能力。

A）正确　　B）错误　　C）尚未定论

10. 男孩和女孩的大脑：

A）相同　　B）不同　　C）既相同又不同

11. 儿童能够一心多用。

A）正确　　B）错误

12. 将呼吸和/或冥想练习引入校园：

A）有助于降低校方的压力

B）有助于提高学习成绩

C）有助于缓解压力并提高学习成绩

D）真实效果尚无定论

13. 恐吓教育能有效管理顽皮倔强的孩子。

A）正确　　B）错误

14. 亲子关系的质量（沟通、倾听、爱抚等）会影响儿童大脑的结构和功能。

A）正确　　B）错误

15. 对幼儿多加爱抚能使其DNA得到巩固和加强。

A）正确　　B）错误

答案

1A－2A－3A－4E－5B－6B－7C－8A－9A－10C－11B－12C－13B－14A－15A

1. 胎儿大脑神经细胞什么时候开始发育：

答案A 怀孕1个月之后

从怀孕第28天起，尽管此时的胚胎还仅如一颗米粒般大小，但胎儿最初的神经元已开始成形，并以每秒3000个新神经元的速度生长。到怀孕第六个月，胎儿已拥有了900亿个发育成形的神经元！

2. 新生儿大脑突触联系的活跃度为：

答案A 10%。

突触联系与神经元联系密切相关。突触联系从婴儿出生前便已启动，并将持续到20多岁。在此期间，突触联系会持续优化调整：无用的联系逐渐消失（这一过程称为“突触修剪”），相应地，有用的联系会不断得以巩固。狡猾的大脑，只会留下于己有用之物！

3. 哪个年龄段是大脑可塑性（即大脑生成新神经元系统）的最高峰：

答案A 0～5岁。

0～5岁阶段对大脑神经元而言是一场名副其实的盛宴，也是神经突触的全盛时期。幼儿会将一天中遇到的所有刺激一一吸收，再对之进行尝试、试验和核对。如此顶级的大脑可塑性也就很好地解释了为何2岁的孩子在几个月之内学会母语是如此轻而易举！

4. 大脑在几岁时最终成形：

答案E 25岁。

25岁左右，大脑新皮层（特别是前额皮层的各个部分）发育彻底终止，标志着大脑发育完全成熟。青春期阶段，大脑神经元突触会根据优胜劣汰原则进行大规模修剪，最终完成对大脑中控制社交、情绪、思考、决定等行为的关键部位的终极塑造。

5. 电子屏幕（即平板电脑、智能手机、电脑等）对幼儿（0~3岁）大脑具有积极影响。

答案B 错误！

首先，把孩子消极地杵在屏幕前就是错误的，其次，长期被动地对着屏幕会损害新神经元突触联系的生成。此外，对幼儿来说，观看电子屏幕还会造成其他危害。比如，如果收走2~3岁小孩子看了几周或几个月的平板电脑或智能手机，孩子会出现非常暴力的反应。对年幼的孩子而言，只能在一名成年人的陪同下使用电子产品，并适可而止。当然，最好还是不要碰电子产品！

6. 任由婴儿长时间哭泣能使其学会控制自己的情绪。

答案B 错误。

任由婴儿长时间哭泣只会加重孩子的身体、情绪和情感的不适。请务必牢记一条基本准则：孩子从不会无故哭泣。作为大人，一定要分析孩子哭泣的原因，满足他们的特殊需求，并给予必要的安慰。此举关系到孩子情绪和情感的正常发育，切记切记！

7. 电子游戏会使青少年大脑：

答案C 受损并受刺激。

很多事只要涉及电子游戏仿佛就成了当今社会所有问题的原罪。拜托，理智一点。动作类游戏和体育类游戏对大脑产生积极影响，可锻炼反应能力和空间思维。无论如何，这都比瘫着看真人秀节目有益多了。当然在此还得提醒一下，玩电子游戏要适可而止，尤其不能用电子游戏代替其他活动（如体育运动、艺术活动、会面交友等）。

8. 负责大脑执行功能（思考、分析、语言、记忆等）的前额皮层，在青春期才开始发育。

答案A 正确。

前额皮层是人脑中最后成熟的区域，需等到青春期过后若干年，即20~25岁才能发育完毕。但这并不意味着在此之后我们的大脑就固定不变了。生活方式、焦虑程度、饮食习惯等生活中的点点滴滴，都会对我们的大脑产生直接影响，使其越发强大或日渐萎缩。

9. 在课堂上引入适量游戏，有助于改善儿童的学习和记忆能力。

答案A 正确。

游戏对儿童成长发育的助力已有定论。在教学过程中引入游戏，能有效调动儿童大脑不同区域——特别是海马体部分的多巴胺能神经元，从而增强孩子的学习能力和记忆力。此外，集体游戏还能刺激很多有利于儿童大脑发育的激素及神经递质的大量分泌，从而帮助孩子建立良好的社交关系。

10. 男孩和女孩的大脑：

答案C 既相同又不同。

这个问题涉及先天和后天，很复杂。从整体结构上看，男孩和女孩的大脑是一致的（如果纯粹从脑部和身体其他部分的比例看，男性大脑仅仅比女性大脑大10%）。但是二者之间也存在许多性别差异，比如激素活力的不同就直接导致了男孩和女孩大脑发育和大脑功能的差别。但我们也要看到，在社会文化的固定思维以及传统教育的影响下，男孩和女孩仿佛在小小年纪就要被框定日后的人生道路。非也！小女孩并非天生在数学上的才华就比小男孩逊色。

11. 儿童能够一心多用。

答案B 错误。

与大家根深蒂固的想法（尤其是看到青春期孩子的时候会这么认为）恰恰相反，我们都不可能同时做两件事。因为大脑的各个通路之间会竞争，换言之，两个脑通路无法同时运作（除非两件事中的一件已成为潜意识动作，可以“自动”完成）。所以，事情还得一件一件按顺序做，而且，一心多用还会动用大量的大脑能量，最后让人感到非常疲劳（因为会在思考与行动中频繁切换）。

12. 将呼吸和/或冥想练习引入校园：

答案C 有助于缓解压力并提高学习成绩。

呼吸和冥想练习的良好效果已无须多言，全世界的研究成果都已充分证明了它们的价值。呼吸和冥想（通过独立的神经系统）能够作用于人的意识和潜意识机制，从而起到提升注意力、降低焦虑程度（皮质醇水平）、减缓脑部杏仁核活跃程度（恐惧程度）、加强海马体区域（加强学习和记忆能力）以及提高身体免疫力等作用，可谓益处多多。而且，一套简单的呼吸练习如心脏操，只需每天做3次，每次

5分钟，四五周后就能对人体的神经生物性带来显著改善。

13. 恐吓教育能有效管理顽皮倔强的孩子。

答案B 错误（而且大错特错！）。

如果在亲子关系中强行加入暴力和控制（无论言语还是肢体），会加速孩子大脑中焦虑激素（肾上腺素、皮质醇）的分泌。此类激素会对孩子的学习能力和社会化能力造成直接影响，还会阻碍其大脑结构的正常发育。更严重的是，即便孩子长大成人后，终其一生依然会受这些后果的影响（如出现情绪和行为紊乱）。

14. 亲子关系的质量（沟通、倾听、爱抚等）会影响儿童大脑的结构和功能。

答案A 正确。

从神经生物学角度看，充满关怀、积极正面的教育能促进儿童大脑中一系列“好好生活分子”的分泌，如催产素、内啡肽、多巴胺、5-羟色胺等，从而对孩子大脑发育产生直接有益的影响。这类教育方式能使大脑自动进入良性发育轨道，并产生良性循环，如加速前额皮层结构成熟（主要是情绪调节能力不断加强）、增加海马体体积及活跃度（加强学习能力和记忆能力）、降低脑部杏仁核体积和活跃度（减少恐惧心理）等。

15. 对幼儿多加爱抚能使其DNA得到巩固和加强。

答案A 正确。

给予孩子更多的爱抚或许能改善其DNA，使之得到巩固和加强。这是一项动物实验，科研人员将小鼠分为两组，第一组小鼠在母鼠无微不至的关爱和呵护下长大，第二组则母子分离，通过分析两组小鼠的基因组，科研团队得出了上述结论。爱抚带来的DNA变化发生于大脑海马体区域，改变基因表达的表观遗传学过程也许就是开启这一变化的关键。

◎ 得1～3分：孩子的大脑和你分属两个世界，快去买些相关书籍恶补一下。

◎ 得4～7分：有些笼统的知识，但还有进步空间。因为家中之事并非总是那么简单。

◎ 得8～11分：开局还不错。如果后面能得到良好的引导，你将成为优秀的家长！

◎ 得12～14分：你已基本掌握有关儿童大脑发育的全部知识，你的孩子真幸运！

◎ 得15分：等我电话！我需要你和我共同撰写第二册！

有关儿童大脑的十则传说

1. 我们只开发了大脑能力的10%

人类仅仅使用了大脑的10%。试想，如果能够充分完全地利用大脑，那我们和我们的孩子将爆发出怎样的潜力。这可能是最悠久、最根深蒂固的一则大脑传说了，吕克·贝松据此还于2014年拍了部电影《超体》。影片中，斯嘉丽·约翰逊化身一名女大学生，在吃了一种实验药物后逐步将大脑能力开发至100%。于是她拥有了超能力，能够通过心灵感应控制人类和机器，还能够如芯片一般快速计算。诚然《超体》是一部出色的娱乐电影，但其灵感也来自科学。得益于医学成像技术的发展，我们已经了解到，大脑时刻都在活动，只是其根据所做之事不同，活跃的特定区域不同而已，各个部分活跃的时间各不相同。由此可见，觉得大脑中尚有未开发区域能够为我们提供额外的认知能力这一看法，只是痴人说梦。相反，只有通过更深入地了解大脑，更有效地对其加以利用才是明智之举。

2. 神经元数量从出生起已固定，之后只会随着年龄增长日渐减少

神经科学已检测出，在一定的条件下，大脑中的两个区域能够通过已存在的干细胞再生出全新的神经元。这一现象被称为“神经发生”，主要发生于大

脑嗅球附近和海马体中（如同一个孵化器，试想到50岁的时候，我们的海马体中还充满着元气满满的神经元，而且数量一点都不少）。终我们一生，这股神经的青春之泉都能将关于记忆、学习和注意力的细胞不断更新，当然前提是我们必须注意自己的生活习惯，如健康饮食、定期运动、做好情绪管理、拥有稳定的交际圈、积极乐观地做事干活等。还需特别注意的是，说不定有一天，神经发生还会出现在大脑的其他区域，或者能把新生的神经元迁移到其他区域。研究还在继续，尤其是对于神经退行性疾病方面的研究，科学家们从未止步。

3. 青少年能做到一心多用

又是一个在普罗大众心中根深蒂固的神经传说。但是抱歉，亲爱的少年们和少年的父母们，不同神经元系统的脑通路之间是会打架的。我们一次只能做一件事，我们只能一件一件按顺序做。唯一的例外是，我们的大脑对两件事其中的一件已足够熟悉（达到潜意识程度），无须花费额外的认知努力（例如，在非常舒缓的背景音乐中工作）。要知道，多任务模式就是不断切换认知活动，对大脑而言是非常疲劳的，而且最终呈现的工作质量也不会太好。

4. 男孩的大脑不同于女孩

这是一个复杂的问题。事实上，既可以回答是也可以回答不是。从解剖学角度看，男性和女性的大脑几乎相同，只在平均重量上存在些许差异，女性大脑（重约1.2千克）比男性大脑（1.35千克）轻10%，原因仅仅是因为男性普遍比较胖。男女特有的激素活力却能对大脑带来直接影响，为两性的大脑功能带来无可争辩的差异。此外，有些研究还提出，左右脑之间的神经连接和左右脑内部的连接都能显示男性和女性的某些不同。当然，所有这些都还需进一步验证和确认。在此之前，请不要再提社会的压力和文化的固定思维，显然它们在孩子们小的时候就根据性别给他们套上了“标准认知”。

5. 存在左右脑之分

关于左脑主管分析、顺序、理性，右脑主管情绪、直觉、艺术和抽象思维，这个传说太古老了。这个左右脑各司其职的“两脑理论”，在20世纪70年代由哈佛大学的三位神经学家格什温德（Geschwing）、列维茨基（Levitsky）和加拉布达（Galaburda）成功地发扬光大。尽管实验支撑数据很薄弱，但因其凝聚了普罗大众喜闻乐见的世界两极分化的观点，因而格外吸引人。同一个人永远在两种截然不同的性格中穿梭，这点在《化身博士》一书中体现得淋漓尽致，甚至为我们大大小小的烦恼忧愁都给出了解释。但是事实是，人类有且只有一个大脑。不仅如此，大脑功能建立在信息整合的基础之上，这些信息来自于不同的感官调性，也来自于生活中吸收的各种知识和遭遇的种种意外共同塑造的神经元路径。实际上，右脑和左脑共享并处理着同一种信息，只是以不同的方式对该信息进行整合利用。简而言之，尽管左右脑确有其各自特别的部分，但当大脑处理信息时，左右脑间并非对抗的关系，而是通过胼胝体进行积极互动，相辅相成。

6. 每个学生都有自己的学习特质

在教育界广为流传的一个神经传说是这么说的，如果学生用自己最喜欢的学习模式（如视觉型、听觉型或动觉型）接收信息时，能达到最佳的学习效果。但研究表明，尽管每位学生都有自己的偏好，根据学生的偏好进行教学并不能达到更好的学习效果。因为大脑对信息的处理是全方位的，是需要大脑各部分辅助的，对信息的吸收和掌握也是需要各部分全方位参与的。当然，若按照在本书前半部分提到的霍华德·加德纳的多元智能理论的说法，每位学生都可以发展出若干项优于旁人的能力。

7. 背诵是大脑的命根子

知道不代表理解。某种程度上，我们的教育模式是建立在背诵上的：乘法表、历史年代、诗歌……随着信息时代的到来和新技术的发展，“背诵”至高无上的地位不再像以往那样坚不可摧。21世纪，最有用也可能是最高效的技能是知道去哪里怎样快速地搜索信息，而非试图把所有的知识都背出来，因为无论我们如何背诵都无法在具体细节上与人工智能媲美。不过背诵依然是一项颇有意义的大脑训练方式，因为其可以调动多种记忆方式，有助于维持认知功能的良好运转。所以应该这么说，背诵是有意义的，但并非大脑的命根子。

8. 不干事或睡大觉能让大脑放松休息

当然是错的。至少，不全面。实际上，无论人处于清醒还是睡眠状态，大脑始终都处于活动状态。当我们专注于一件事时，大脑中仅有个别区域特别活跃，比如主管理性和计划的前额皮层，但如果适时停下手头工作，做做白日梦，却能调动大脑更多区域的活力。所以休息时间对我们的大脑及身体而言同样珍贵，因为休息能让我们有空想想未来，有空思考一些复杂问题的解决方案。同理，在睡眠状态下我们也会花大部分时间用来做梦，即使第二天早上我们并不记得自己做过梦（插播一句，我们一辈子大概四分之一时间都花在了做梦上）。由此可见，大脑实则处于持续的极度活跃状态，这也很好解释了，为何仅占人体总重量2%的大脑，每日却要消耗人体总能量（葡萄糖和氧气）的20%。大脑需要能量来维持其不可思议的电化学反应！

9. 电子游戏正在毁了孩子

这又是一个很复杂的问题，绝不是一句话可以断言的。部分电子游戏对大脑发育是有益的，尤其对大脑主管反应、视觉、空间甚至决定的区域有很好的锻炼作用。但从反面看，电子游戏也是危险的，存在诸多次生风险，例如某些电子游戏会使儿童上瘾，变得孤僻不合群，出现情绪不稳、暴力倾向、睡眠质量变差甚至中断学业等负面影响。所以，必须理性看待电子游戏。各位家长要给孩子挑选适合其年龄段的电子游戏，并且要控制玩游戏的时长。

10. 手机辐射对大脑有损

关于这个问题有很多研究，但很可惜，结果并非总是如我们所想，而且其中很多还是相互矛盾的。目前的真相是，我们暂时还处于当局者迷的状态，没有足够的条件得出一个确切的答案，证明手机辐射真的对身体有害或无害。但防患于未然也是必要的，比如通话时不要贴着电话（可以使用免提功能），睡觉时不要把手机放得太近。由于儿童青少年的大脑尚处于生长发育期，十分脆弱娇嫩，因而更应该遵守上述预防措施（复习一遍，大脑要到25岁左右才会彻底发育成熟）。补充一点，世界卫生组织谨慎地将使用手机列为“潜在的”致癌因素。

聚焦神经生物学

大脑会根据我们所处的环境和经历的人与事，持续不断地发生众多化学反应。**神经递质**便是大脑制造的一种化学物质，其能通过神经冲动促成神经元之间的信息传递。神经递质可分为兴奋型递质和抑制型递质两类。**激素**（又称“荷尔蒙”）则是腺体分泌的分子，通过血液或淋巴传递，作用于人体各器官组织。

多巴胺，人称“快乐因子”，每当大脑判断当下环境对自己有益时，便会触发奖赏通路并释放多巴胺。多巴胺好处颇多，比如能让人“仿佛上天”，让我们感到积极乐观，并激发短期记忆能力等。当然，目前研究也表明，多巴胺依赖存在风险（这里必须提一下，毒品同样具有刺激脑部多巴胺释放的特性）。巧克力、咖啡和运动均能促成多巴胺的合成。不仅如此，多巴胺还事关人体运动功能，比如帕金森病即与多巴胺减少紧密相关。

5-羟色胺是一种与人体情绪、睡眠、食欲、疼痛、体温调节密切相关的神经递质，由5-羟色胺能神经元合成。5-羟色胺水平较低会造成一系列严重问题，如冲动、易怒、抑郁等，重者甚至会自杀。抗抑郁药物能提升人体脑部5-羟色胺水平，防止5-羟色胺缺乏。生活中的人际交往、肢体接触、火热恋情、积极思考、体育锻炼以及一些食物如黑巧克力、高脂肪鱼类、核桃、全麦谷物等均有助于5-羟色胺的合成及分泌。

去甲肾上腺素是一种与人体注意力、情绪、睡眠、梦境和学习相关的神经递质。它能够进入血液循环，与血管接触后可提高心率、升高血压。去甲肾上腺素对提高人体在必要情况下的注意力和警觉性至关重要，同时，在人类的感情生活以及某些情绪紊乱（躁郁症）的治疗中都扮演着主要角色。

谷氨酸盐是一种兴奋型神经递质，与人类的学习和记忆密切相关。若大量刺激性信号同时输送至大脑引起“信息超载”，就会提升大脑谷氨酸盐水平，最终影响注意力的集中程度。

乙酰胆碱也是一种兴奋型神经递质，与人体清醒程度、记忆力、注意力、积极性、愤怒、性欲和口渴等相关联。乙酰胆碱在睡眠状态分泌，能促进知识的巩固（即长期记忆），因此在学习中扮演着重要角色。阿尔兹海默病（即老年痴呆症）即与大脑某些区域的乙酰胆碱缺乏密切相关，从而导致部分记忆丧失。

γ-氨基丁酸（简称Gaba）是一种广泛存在于大脑皮层神经元中的抑制型神经递质，其能控制人体冲动、调节焦虑情绪、促进视觉发育，并能作用于大脑皮层中的其他功能。某些药物能够提升大脑γ-氨基丁酸水平，临床上通常用于治疗癫痫。

肾上腺素既是一种由肾上腺释放的激素，同时也是一种中枢神经系统的神经递质。在人体瞬间遭受压力时，肾上腺素能给机体提供大量能量，即那句著名的“是战、是逃还是僵在原地”。

皮质醇是一种在压力之下释放的激素。若释放的剂量适量，可在巩固知识的过程中有效提升注意力、集中力和记忆力。但若长期大量分泌皮质醇，则会导致一系列生理和心理紊乱以及疾病。若剂量过大，甚至会对身体各项功能造成严重影响（如出现过度紧张、焦虑、失眠、体重超重等）。皮质醇也是慢性压力激素。

内啡肽是一种能让人体产生欣快感的激素，并具有镇痛作用，人称“天然鸦片”。长时间的体育运动能刺激内啡肽分泌，因此许多运动项目，如跑步、健身等都会让人上瘾。

催产素又称“爱情荷尔蒙”，由脑垂体分泌，能够降低皮质醇等压力激素的水平，因而在人体情绪调节中扮演着至关重要的角色。在进行肢体接触（如爱抚、性生活或性高潮）后，催产素的分泌尤为旺盛。催产素的分泌还与伴侣间爱意的萌发相伴相生，正因如此，沐浴爱河的人才会产生无忧无虑的感觉。同时，它还能加强人与人之间的关系，提升彼此间的共情能力、信任度及安全感。

跋

皮埃尔和亚历山大坐在桌旁。

阿萨去给纳坦洗澡。

亚历山大：我能问你一个问题吗，老爸？

皮埃尔：当然可以。

亚历山大：为什么今天早上我逃课了你却没有骂我？

皮埃尔：（假装反问）为什么？你不是早上生病了吗？

亚历山大：（开始局促不安）呃，其实我有点夸张……

皮埃尔：你什么？

亚历山大：呃，我没生什么大病。

皮埃尔：当真？真是意外啊！其实吧，我都知道。

亚历山大：所以……你在嘲讽我？

皮埃尔：完全没有，这件事还是让我想了一整天。

亚历山大：那你不骂我？

皮埃尔：不。

亚历山大：为什么？

皮埃尔：因为骂你不但不管用，还会把事情变得更糟。

亚历山大：为什么？

皮埃尔：因为如果我骂你，你会觉得我在发泄，责骂就变成了废话，虽然说了一箩筐，句句重点，但你什么都没听进去、没学到。最重要的是，你的脑子里只会记住那些我疾言厉色说出的难听的言语，显然我不想这样。这些话会刺痛你，也会伤害我们的感情。以上种种都不是我想要的，所以，我不骂你。

亚历山大：也对……

皮埃尔：很有道理，是不是？

亚历山大：是。那怎么办呢？

皮埃尔：我不知道……也许我们可以聊聊你今天早上没去上课的真正原因？

亚历山大：嗯，好的，不过不是现在，对不起。

皮埃尔：没问题，大儿子。你想说的时候说，但要记着有这件事，别忘了，好吗？

亚历山大：可以，老爸！

皮埃尔：你那晚会准备得还行吧？

亚历山大：是的，非常棒！

皮埃尔：棒极了！伊涅斯会去吗？你感觉怎样？

亚历山大：我应付得来，不过还是有点紧张……

皮埃尔：别紧张，会一切顺利的。这是人生中的重要时刻。我在你这个年纪，干什么调皮捣蛋的事都是小伙伴里挑头的，但我那会儿是真害怕……

亚历山大：老爸？

皮埃尔：嗯，亲爱的？

亚历山大：今天早上的事对不起，我不会再犯了，我保证！

皮埃尔：谢谢，我亲爱的，我相信你，来亲我一下……

玛侬突然出现。

玛侬：从什么时候起家里都背着我卿卿我我了？

皮埃尔和亚历山大：我们的好奇心宝宝来了！

玛侬：跟好奇心宝宝有什么关系？

皮埃尔：她啊，就是最想被卿卿我我的人！

皮埃尔像个大怪兽一把搂住玛侬，在她脖子上狠狠亲了一口，玛侬叫着笑着，仿佛想挣脱……亚历山大突然跳向父亲和妹妹，三人抱在了一起。

皮埃尔：你们有没有发现一件事，孩子们？

亚历山大和玛侬：（扬着快活的脸）呃……你头发比以前更少了？这又不是什么新鲜事，可怜的老爸，你应该接受现实……

皮埃尔被逗笑了。

亚历山大看看假装一脸不耐烦的玛侬，心想："这个老爸还要跟我们说什么呢？"

皮埃尔：不妨想想，如果我还是像往常一样。亚历山大，我还是在饭桌上骂你，大家都气鼓鼓的，我用伤人的言语骂你，说出口后立马又后悔，你带着凉透了的心情去参加晚会，玛侬被我们吵架的事搞得头昏脑涨回到自己房间，我一整晚都要在内疚中度过，满脑子都挥之不去这事，很可能接下来和阿萨在一起还会头疼……但是现在不一样了，我们三个打打闹闹，亚历山大，你可以开开心心去参加晚会，我们还可以在这里度过快乐时光，而且你今后很可能再也不逃学了，因为如果想再犯，就会想起此时此刻和我们的约定……

亚历山大：（假装记仇）这招真是攻心为上啊！

皮埃尔：（对自己的新招很是得意）亚历山大先生，这是种督促！等你的大脑神经完全长大成熟之后，我会跟你解释清楚的。

玛侬：（快活地笑着）噢，真是一个土老帽才用的表达！

皮埃尔：（一下绷紧了）好的……你们知道自己在说什么吗？土老帽？

玛侬：（扑闪着淘气的眼睛）不知道，不知道……

皮埃尔：（紧紧地把孩子们搂在怀中）这个土老帽，他要说他很爱很爱很爱你们，他真是有天大的运气才能拥有你们。

亚历山大和玛侬：（异口同声）我们也是，老爸，我们爱你！

皮埃尔、亚历山大和玛侬紧紧地抱在一起，美丽的阿萨怀抱着刚洗完澡的小纳坦也很快加入其中。催产素充盈着整间屋子，整个夜晚其乐融融……

结语

行文至此，就要结束我们的儿童大脑奇幻之旅了。给一本书写结语总是令人感慨的。这仿佛是一段美妙时光的最后一天，在这段日子里每个人都在彼此的相遇、分享和交流中收获快乐，当然意见相左的时候也在所难免，但最后大家都相亲相爱。对于这最后一天，我们内心深处都不希望它的到来，因为相遇是如此美好。但命运自有安排，始终如此。

我想特别感谢大家的两件事。

第一件，感谢各位在阅读本书过程中，接受了我想介绍的知识，接受了来自知识的自由邀请。我的人生只有在对他人产生借鉴意义的时候才是有价值的。我衷心希望，这本书能近距离地陪伴你，陪伴你和你的孩子们，并对你有所助益。

第二件可能比较意外。在撰写本书过程中，我从书中皮埃尔、阿萨、亚历山大、玛侬和纳坦的生活中学到了很多东西。我学会了接受他们所有的不完美，学会了爱他们。实际上，他们和我们一样，都在尽己所能，力求做到尽善尽美，这点真的很棒。在撰写本书的过程中，我也曾不断问自己，我这个父亲的角色做得如何，问自己的失败和成功，问自己的疑惑和希望，问自己的快乐和恐慌……时至今日，我感觉因为有了这本书，有了读这本书的你，我才能更好地武装自己，让自己更加胜任父亲这个角色。这是一生的角色，是我人生的角色。我知道，路还很长，但时光与我共同前行。所以谢谢你们。

自然，我也希望在结语里说一段特别的话，这段话送给我的两个孩子——

马西莫和莱娅，是他们点亮了我的生命，他们让我的人生有了意义。

人生是充满惊喜和未知的，有时也会崎岖坎坷，但最终必定是光明和快乐的。当然，这首先取决于你决定让自己活成什么样子。

要意识到自己无尽的价值，不要高傲自负，也不要妄自菲薄。

要时刻保持学习的状态，去冒险，去迎接失败，然后立即翻身上马再度出发。

要接受自己的独特性，永远不要在一件事上纠结。

要热烈地活，尽情地笑，尤其为自己而笑。

要为自己和他人的自由而战。

要在自己所做的每件事中执着地找寻自己的信念，千万不要动摇。

尤其要做自己，永远不要放弃追寻自己的理想和梦想。

致所有人，我希望你们都能更加幸福美满。

都能照顾好你们的孩子和别人的孩子，他们是如此的珍贵。

都能照顾好你们自己。

生活是美丽的，感谢这一切！

埃尔万·德韦兹

致谢

感谢神经科学界的朋友们，他们的智慧和谦逊令我大受裨益且印象深刻。

感谢两位出色的编辑老师，艾洛蒂和梅丽莎。

感谢布丽吉特一直以来的支持以及对本书细致入微的审校。

感谢蒂埃里·朱迪教授对拙作的修改。

感谢贝尔纳、塞琳娜、弗里德里克、弗莱德里克、吉尔、让-路易、让-卢、玛丽昂、莫德、波丽娜、拉法艾尔、莎宾娜、斯蒂法妮和维尔吉尼，感谢他们美妙亲切的友谊。

术语表

杏仁核：大脑边缘系统的一部分，是控制情绪的脑部组织，尤其在恐惧和焦虑情绪的调节中发挥着至关重要的作用。杏仁核是大脑的哨兵。

胶质细胞：胶质细胞分布于神经元周围，参与神经元周围电化学环境控制，并为神经元输送营养、清除垃圾。

边缘系统：位于颅脑中心，是负责情绪管理的脑组织。

恐惧通路：当人面对真实或虚构的恐惧或危险时启动的大脑通路。值得注意的是，恐惧通路在大脑各通路中处于优先地位，能够独占大量的血液和氧气，因此当恐惧通路启动时，人会丧失其他认知能力（如决断力、创造力、记忆力等）。

奖赏通路：负责通过快乐的舒适感觉奖赏执行某项任务的大脑通路。该通路最初的产生只是为了在进化过程中满足某些生理功能，如吃、喝、繁殖等，随后覆盖了其他人类活动，以刺激人类不断重复这些活动。

认知：人类处理知识的心理过程，包括感觉、记忆、语言、推理、学习、决断、注意力、解决问题等。

突触联系：神经元之间的联系，神经元通过电化学机制经由突触建立联系。

胼胝体：联络左右脑半球的神经纤维组织，负责左右脑间的联系。

前扣带回（ACC）：位于胼胝体上方，是情绪与认知的交界口，起着将感觉转化为意图和行动的重要作用，负责维持理性脑和感性脑间的良好运转。

背外侧前额叶皮层：位于前额皮层最外侧，参与认知过程的建立，主要负责计划和执行，是大脑的“推理家”。

眶额皮层：位于前额叶区域，与大脑中负责情感的边缘系统、新皮层和脑干一起在人类的感情关系、共情能力、决断能力、情绪调节和心理调节中发挥着至关重要的作用。

前额皮层：又称“高级脑”或“理性脑”。推理、分析、思考、抽象思维和创造力的大本营。前额皮层拥有整个大脑80%的神经细胞。

抑制剂：减缓中枢神经系统功能的天然或化学物质，如酒精、安眠药、阿片类药物、镇静剂、抗焦虑药物、精神安定剂、止痛药等。

认知失调：认知同步性不一致（或认知与行为不一致）会导致人体不适或精神紧张（当个体意识与无意识相冲突时，表现得尤为严重）。

表观遗传学：生物学分支学科，研究后天环境和生活方式对基因遗传表达影响的分子机制。生活方式对基因表达具有直接影响，也能直接对某些基因产生抑制作用（无论是有益基因还是致病基因）。

固定型思维：信奉孩子天生天赋异禀，应该根据基因遗传和天生的禀赋命中注定从事某件事（即基因决定论）。

认知弹性：根据所处的情境领域设计从一项认知任务转向另一项认知任务，或从一项行为转向另一项行为。认知弹性促使我们在面对问题时能调整自己的思路和行为，从而找到新的适合的解决方式。

基因组：细胞染色体携带的基因总和。人类的基因组包含25000～30000个基因。

成长型思维：信奉孩子通过努力以及持续的学习，拥有不断进步并获取新知识的能力（卡罗尔·德韦克将该理论发扬光大）。

致幻剂：作用于中枢神经系统的天然或化学物质，能导致人体感官或直觉发生改变，如麦角酸二乙基酰胺（LSD）、乙醚、大麻等。

高潜能儿童：俗称“神童”或“早慧”，高潜能儿童能表现出超出普通孩子的认知能力（智商测试结果普遍高于130）。高潜能儿童分为两种类型，即“层型”和“复合型”。

海马体：负责记忆巩固和情绪调节的大脑边缘系统结构。在学习、有意识情绪记忆和长期记忆中发挥着核心作用。

神经冲动：由神经元间的活动和联系引起的，在大脑不同部分间传导的电流活动。神经冲动的频率可反映大脑活动的强度，单位为赫兹。

脑岛：大脑负责情绪处理和情绪调节部分（前额皮层）间的中转站，在人际关系处理和自我意识形成方面扮演重要角色。

人工智能（AI）：能够模拟、重复人类智能从而完成任务的理论、信息程序和技术的总称（值得一提的是，机器人技术只是人工智能的组成部分之一）。

集体智慧：团队通过成员间不断互动交流，实现齐心协力创造、创新、进步的才能。

情商：认识、了解、调节自身及他人情绪的能力。

功能性磁共振成像（fMRI）：实时追踪在认知和情感过程中脑部活化区域情况的医学影像技术。

工作记忆：在认知过程中，能够在20～30秒内储存必要信息的短时记忆。

神经发生：又称“神经元再生”，指在脑部某些区域（如通过干细胞在海马体或嗅球）中制造新神经元的过程。

神经学：医学分支，是研究神经系统病理、临床表现和治疗的临床医学门类。

神经递质：大脑分泌的神经元间传递信息的化学物质。

神经元：由细胞体、树突、轴突组成的神经细胞。人类大脑通常由800亿～

1000亿个神经元构成，每个神经元大概可以与10000个其他神经元发生联系，即神经元之间共可以发生1000亿次联系。

镜像神经元：20世纪90年代发现的一种神经细胞。当个体进行一项动作或当他看到另一个体进行相同动作时，该神经元会产生同样的反应，这也是将其命名为“镜像”的原因。

神经可塑性：大脑先天具备的、通过搭建新通路不断进行调整的能力。（“自主神经可塑性”：由自己启动的大脑活化过程）

神经心理学：研究神经系统和心理活动之间关系的科学。

神经科学：研究中枢神经系统结构、功能和病理的学科总称（研究范围包括大脑、脊髓、神经、感觉器官和自主神经系统）。

认知神经科学：研究认知活动背后的神经生物学机制的科学。

伏隔核：位于大脑（边缘系统）深处，是奖赏通路和激励通路的核心组成部分，在快乐、依赖等感觉中发挥重要作用。

PISA：国际学生评估项目。由经济合作与发展组织（OECD）发起，是对全球各地教育系统的教育质量进行评测的体系。

神经兴奋剂：能暂时提升认知表现力的天然或化学物质。

精神活性物质：能刺激中枢神经系统，从而影响（减缓、加速或扰乱）大脑活动的活性物质。酒精、烟草、咖啡因、大麻等均属于“天然”精神活性物质。

心理韧性：一个人遭遇重大精神创伤或巨大压力后，将痛苦化为再度奋起力量的能力。

深睡眠Ⅲ期：睡眠循环的阶段之一，大约持续30分钟，特点为呼吸缓慢，肌肉放松，大脑对外界刺激没有反应。脑电波活动频率为0.5~3赫兹（δ波）。

异相睡眠：睡眠循环的阶段之一，大约持续15分钟，特点为脑电波剧烈活动，眼球快速运动，但身体其他部位肌肉处于完全无力状态（“异相”之名即由此而来）。这一阶段还会频繁做梦。脑电波运动频率达到14～30赫兹（β波）。

深睡眠Ⅳ期：睡眠循环的阶段之一，大约持续30分钟。在这一阶段机体和大脑会进行更新恢复（让身体从疲劳中恢复并排出垃圾），同时对白天接收到的信息进行处理、巩固和储存。脑电波活动频率是0.5～3赫兹（δ波）。

慢性压力：在一段时间内持续升高的压力水平，在生理学上表现为皮质醇水平和血液中的肾上腺素水平居高不下。慢性压力对人的身心健康都有极大危害，会导致一系列疾病的发生，如高血压、糖尿病、消化系统紊乱、溃疡、过敏、心脏疾病等。

类淋巴系统：依靠神经胶质细胞清理大脑代谢产物的活性系统。

VEO：日常暴力教育，指在对教育行业中经常性通过身体或精神对孩子施加暴力。